幼儿园音乐活动组织与实施

YOU'ERYUAN YINYUE HUODONG ZUZHI YU SHISHI

雷蕾　汪蕊　主编

西南大学出版社
国家一级出版社　全国百佳图书出版单位

图书在版编目（CIP）数据

幼儿园音乐活动组织与实施 / 雷蕾，汪蕊主编．—
重庆：西南师范大学出版社，2021.1
ISBN 978-7-5697-0403-7

Ⅰ．①幼… Ⅱ．①雷… ②汪… Ⅲ．①音乐课－教学
研究－学前教育 Ⅳ．①G613.5

中国版本图书馆CIP数据核字（2020）第206830号

幼儿园音乐活动组织与实施

YOU'ERYUAN YINYUE HUODONG ZUZHI YU SHISHI

雷 蕾　汪 蕊　主 编

责任编辑：符华婷　罗雪艳
责任校对：曾　文
装帧设计：戴永曦
排　　版：李　燕
出版发行：西南大学出版社（原西南师范大学出版社）
地址：重庆市北碚区天生路2号
市场营销部：023-68868624
邮编：400715
印　　刷：重庆市正前方彩色印刷有限公司
幅面尺寸：185mm×260mm
印　　张：5.75
字　　数：148千字
版　　次：2021年1月 第1版
印　　次：2022年8月 第2次印刷
书　　号：ISBN 978-7-5697-0403-7

定　　价：25.00元

编委会

前言

“幼儿园音乐活动组织与实施”是学前教育专业的一门专业特色课程。课程强调游戏性、趣味性和时代感。本教材可供职业院校的学前教育专业的学生和广大幼教工作者使用。

本教材从学前教育专业的特点和需求出发，着重培养学前教育专业学生的从业能力，注重理论与实践相结合。学生通过律动活动、歌唱活动、打击乐器活动、音乐欣赏活动、集体舞活动五个维度，学习音乐、理解音乐。教材将音乐与肢体律动、乐器等相结合，指导学生掌握幼儿园音乐活动教学的基本方法，提高幼儿音乐教育工作者的实际运用能力，为今后开展幼儿音乐教育活动奠定基础。

本教材从学前教育专业中音乐教学的特点出发，弥补传统音乐技能学习的不足，是对学前教育专业学生音乐知识学习的补充，着重训练学生的音乐综合能力，为衔接幼儿园教学工作，起到承上启下的作用。本书最大的亮点是，结合学前教育音乐教学的特点，由音乐教师编写各项目的理论部分和评价体系，让学生全面掌握幼儿园音乐活动的理论构成；而各项目中的音乐活动组织案例，则由幼儿园一线骨干教师编写，供学生参考学习，能更好、更全面地为学生进行幼教实践奠定基础。为此，教材中明确地提出每一阶段的教学内容和要求，以加强教学和练习为目的。

本教材包括律动活动、歌唱活动、打击乐器活动、音乐欣赏活动、集体舞活动五个项目。根据幼儿园的年龄段特点，每个项目由3个活动组成，分为小班、中班、大班各1个活动，本书学习使用一学年。

本教材由雷蕾、汪蕊任主编，周霞、傅华、张源任副主编。教材各部分编写人员为，律动活动：雷蕾；歌唱活动：傅华、李敏；打击乐器活动：曾曾；音乐欣赏活动：汪蕊、郑贻文；集体舞活动：陈婷秀；幼儿园案例及关键经验：周霞、黄先梅、黄金、黄艳、高静、龚国莲、蔡晓余。

参加本教材编写提纲讨论会的有雷蕾、林安全、陈群、周彬、王雪松、张源、周霞、周劼等同志。本书编者对所有支持本书编写工作的同志表示感谢。本教材在编写过程中选用了一些其他作者的作品用于教学，在此，对这部分作品的作者表示感谢。

编者

2020年12月

目 录

项目一　律动活动

项目目标

1. 初识律动活动的基本形态，了解拍手、拍腿、跺脚等形式。
2. 能准确把握律动音乐的节奏。
3. 能跟着音乐节拍有表情地进行律动，并编创律动游戏。

知识点睛

一、简述律动

律动是听觉上产生的一种与音乐节奏内容相适应的感情，自然而有节奏地通过身体动作与姿态表达出来。在体验音乐的节奏、速度、力度、时值变化的同时，以培养学生用听觉获得轻松、协调的节奏感为目的。幼儿律动是幼儿随着音韵的规律，在相关情境的引导下，合拍地做出相应感受的肢体动作，从而表现出对生活的认知与感悟。达尔克罗兹认为，音乐的本质在于情感的反映，人是通过自身的运动将内心的情感转译为音乐的，人体本身就是乐器。因此，在要进行音乐训练时，只训练耳朵、手指等是不够的，还应该练好人的体态、姿势及各种形体动作。单教儿童用手指弹奏乐器是不够的，首先要启发他们进入产生乐曲的激情中去，把乐曲的情感转化为动作、节奏和声音，以达到唤醒天生的本能，培养对人体极为重要的节奏感，建立身心的和谐，使感情更加细腻敏锐，使儿童更加健康活泼，激发想象力，促进各方面学习之能力。

二、律动的特点

1.律动具有形象性、直观性

幼儿律动活动具有形象性、直观性的特点。幼儿律动的内容主要是表现动物、植物、各种自然现象和简单的社会生活，所以律动活动的形象性和直观性是很重要的。幼儿律动活动的开展与编创要符合幼儿认知能力和身体发育水平，这样便于幼儿体验、学习和理解律动音乐。

2.律动具有模仿性

人的学习大多是从模仿开始的，幼儿更是如此。由于幼儿认知水平不高，其生理、心理水平有限，思维方式更多局限于形象思维，因此决定了幼儿律动主要是以身体动作来模仿和表现律动内容。

3.律动具有游戏性

游戏是幼儿的天性，游戏化教学是幼儿学习的最好手段，以此达到“寓教于乐”的目的。幼儿律动活动以游戏化方式开展，能充分调动幼儿的学习积极性，达到事半功倍的成效。

4.律动具有重复性

重复性是幼儿律动活动很重要的特点。通过不断重复单一动作或同一组动作，强化记忆促使幼儿形成相对固定的动作模式，达到感受和理解音乐的目的。

5.律动具有节奏感

幼儿律动活动开展的目标之一是通过律动来培养幼儿的节奏感，能准确地通过肢体语言表现一些节拍的音乐，从而形成一定的节奏感及乐感。

三、律动的作用

1.律动促进幼儿身体协调性的发展

幼儿时期大脑还没有完全发育成熟，正处于生长发育的重要阶段，此时大脑支配能力还较弱，因此幼儿动作的协调性和平衡感较差。幼儿在进行律动时，身体各个关节、肌肉都在运动，律动中动作的活动性、对称性、方向性以及上下肢的配合等，都有效地促进了幼儿身体的协调发展。

2.律动有助于培养幼儿的感知能力

幼儿正处于感知能力迅速发展和不断完善的时期，运用视觉、听觉、触觉等器官来感知外部世界是幼儿的一个重要认知特点。因此对幼儿感知能力的培养是幼儿园智育的基础和重要内容，也是幼儿园智育区别于小学教育的一个重要特征。在律动活动中，幼儿通过观看不同的动作形态、聆听音乐、触碰等环节来培养感知能力，从而促进幼儿智力发展。

幼儿的思维方式以形象思维为主。幼儿律动内容丰富、形式多样，活动以形象性动作为主，形象性、直观性的动作能帮助幼儿更好地发展形象思维，认识外部世界。

3.律动能促进幼儿节奏感与音乐感受力的发展

音乐、舞蹈都是表现性的艺术，而在教学中，律动活动的开展则是把音乐感受和身体运动密切结合起来的有效手段。音乐是幼儿律动的重要组成部分，感受音乐、以身体动作表现音乐是幼儿律动的基础。节奏是音乐的重要元素，任何音乐都离不开节奏，都是按照一定的节奏来进行，节奏的变化、速度的快慢、力度的强弱，影响着律动动作的幅度、力度与情绪的变化。开展幼儿律动活动，教师以形体动作和语言启发幼儿理解和感受不同节奏的特点，引导幼儿用不同的体验方式对不同的节奏做出相应的反应。

此外，教师运用形象、生动、富有感染力的语言，同时借助图片和其他教学手段的帮助，引导幼儿根据音乐的节拍、情绪、速度认识和了解音乐，并以动作“外化”音乐，逐步培养幼儿对音乐的感知能力，使其逐渐投入到音乐的情境中，增强幼儿对音乐的感受力和理解力。

4.律动能培养并加强幼儿的合作意识

在幼儿园的日常生活中，幼儿一日的饮食起居，包括学习活动和游戏，多以群体的形式进行，幼儿律动也不例外。由于律动活动主要以集体形式开展，相互的交流、配合、协作是必不可少的，在表演过程中每个人都是活动的一部分，例如有队形的变化、角色的配合、动作的对应等。这就要求幼儿在活动中应兼顾他人，考虑与他人的联系，而不可我行我素，独自发挥，要有一定的群体意识和相互配合的要求。

四、律动的分类

1.行进律动

指幼儿随行进类音乐进行律动。行进律动以行进中的舞步、动作练习为主。

通过练习使其在行进中动作协调,富于节奏感。

2. 节奏律动

指幼儿随音乐做节奏练习的律动。可以通过拍手、拍腿、跺脚、点头、摇头、手腕转动等方式来培养幼儿的节奏感。

3. 模仿律动

指幼儿随音乐有节奏地模仿从日常生活实践中提炼出来的动作。如洗衣服、动物的叫声等。

4. 舞蹈律动

指幼儿随音乐学练简单的舞蹈动作律动,通过练习走、跑、跳跃、弯腰、屈膝、伸展、摇摆手臂和手等日常生活中经常使用的动作,掌握部分舞蹈动作素材,为幼儿学习舞蹈打下良好的基础,初步培养幼儿的舞蹈韵律感。

五、关键经验

1. 3~4 岁幼儿律动能力的发展(幼儿园小班)

3 岁以后,幼儿的动作渐渐进入了初步分化的阶段,随着幼儿动作发展分化渐渐精细,其动作的协调程度以及幼儿对动作的速度、幅度等表现能力逐渐发展起来,并具有一定的可塑性。大多数的小班幼儿已经掌握了拍手、跺脚、点头或摇头、晃动手臂,用手指点或拍击身体的部位,小幅度、慢速度地运动躯干等原位动作,以及对下肢肌肉力量及弹性要求不是太高的单纯的移位动作,如小碎步、小跑步等。但由于该阶段的幼儿平衡感和自控力较差,腿部力量较弱,脚部缺乏弹性,身体因失衡易左右摇摆,所以对跳跃动作、上下肢复合动作及较精细动作的掌握还有一定困难。

3~4 岁幼儿与婴儿阶段相比,利用动作来表现音乐的经验更丰富了,肢体动作得到了初步的发展,比以前灵活、协调,这一阶段的幼儿听到喜爱或熟悉的音乐时,会自发地跟着音乐做简单的肢体动作,但不一定能做到完全合拍。

3~4 岁幼儿在律动活动中的肢体动作表现一般以自我为中心,他们还不善于运用肢体动作与同伴配合、交流、共享。但他们在肢体动作的创造性表现方面有了初步的意识和发展,能根据音乐的变化,用相应的肢体动作模仿、表现日常生活中熟悉的事物,表达自己的感受和情感体验。如根据音乐速度调节律动动作的速度,动作随音乐速度的加快而加快,动作随音乐速度的变慢而缓慢平稳。

2. 4~5岁幼儿律动能力的发展(幼儿园中班)

4~5岁幼儿掌握大幅度动作的能力有了明显的提高,掌握走、跑、跳等下肢动作及精细动作的能力也得到逐步提高,能够比较轻松地做跳步、垫步等连续性的移位动作。在律动活动中,手部动作出现频率较高,运动路线以直线、曲线为主,身体中间的动作出现频率最高,移位式动作出现的频率较低,多数幼儿在自由律动中会出现两种及以上动作,比较喜欢做重复性动作。

4~5岁幼儿的动作协调性得到进一步提高。这不仅表现在能够跟着音乐节奏做动作,而且做与音乐相配合的动作更加协调自如。其节奏的稳定性也更加明显,多数幼儿对简单的音乐(以儿歌为主)具有基本的结构感、节奏感。如能在熟悉的音乐的前奏(或间奏)与主体部分间以不同的动作加以表现,而较细的乐段感、乐句感的发展相对滞后。在合作交流方面,该年龄阶段的幼儿开始产生和同伴进行肢体动作的合作、交流意识,如在律动活动中和同伴和谐共享空间,与同伴配合表演动作等。同时,4~5岁幼儿主动编创的意识和积极调动已有经验的能力也得到了进一步发展。

3. 5~6岁幼儿律动能力的发展(幼儿园大班)

5~6岁幼儿的动作进一步分化且更为精细。从能掌握大幅度动作到掌握小幅度的精细动作,且对动作的自控力更强,能自如地变化上下肢动作的速度及幅度,做更复杂的上下肢相配合的联合动作,掌握更为复杂的连续移位动作、腾空跳跃过程的简单动作,但稳定性还有待提高。

5~6岁幼儿对鲜明而有特点的节奏、旋律和舞蹈律动具有浓厚的兴趣,跟随音乐律动的能力有了更明显的提高。这不仅表现在能够较自如地、熟练地表现音乐的节奏、节拍等方面,还表现在对附点节奏、切分节奏等比较复杂的节奏做出反应,能较灵敏地用动作反应音乐的速度和力度变化。

5~6岁幼儿在律动活动中的合作意识越来越强,合作的能力也得到增强,并体会到与同伴共同参与律动活动的快乐,能用动作、表情等在律动过程中与同伴进行合作交流。在律动活动中,幼儿会借助已有经验努力创造与别人不同的动作。能积极地用律动动作创造性地表现音乐,在编创过程中体会到用基本动作词汇进行自我表达的乐趣。

体验活动

活动1　小班律动活动“拍手点头”

活动2　中班律动活动“小手爬”

活动3　大班律动活动“扑蝴蝶”

活动1　小班律动活动“拍手点头”

谱例：1-1

拍手点头

1=A $\frac{4}{4}$

鲍贤琨 曲
雷蕾 改编

欢快、活泼地

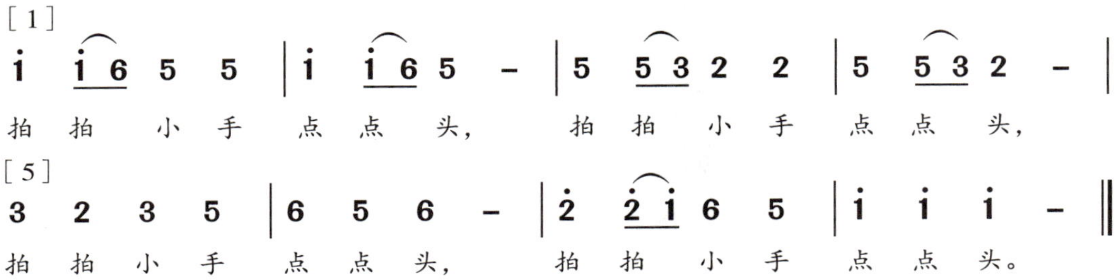

一、动作设计建议

动作建议1

第1小节，拍手动作，每两拍一动。

第2小节，双手叉腰点头，每两拍一动。

第3小节重复第1小节动作，第4小节重复第2小节动作。

第5～8小节与第1～4小节动作内容相同。

动作建议2（加快速度）

第1小节，拍手动作，每拍一动。

第2小节，双手叉腰点头，每拍一动。

第3小节重复第1小节动作，第4小节重复第2小节动作。

第5～8小节与第1～4小节动作内容相同。

二、教学活动设计

活动名称	律动活动“拍手点头”	活动层次	小班
活动目标	1. 幼儿感受音乐欢快的氛围，体验与同伴集体律动游戏的快乐。 2. 幼儿熟悉乐曲的旋律，能用拍手、点头等身势动作做音乐律动。 3. 幼儿尝试在教师的引导下变换律动的速度，体会变速游戏的乐趣。		
活动重难点	重点：能在教师的引导下用拍手、点头等身势动作做音乐律动。 难点：尝试在教师的引导下变换律动的速度。		
活动方法	示范法、提问法、游戏法等。		
活动准备	物质准备：小兔手偶。 幼儿经验准备：幼儿已听过《拍手点头》的音乐。（可以在日常生活中播放给幼儿听）		
课时安排	一课时。		

教学过程	时间分配
一、情境导入，激发兴趣 教师出示小兔手偶。 师：今天，来了一位朋友，大家看是谁啊？“大家好，我是小兔，今天我想和小朋友们一起玩游戏。” 小兔随音乐示范：每两拍一次，拍手、叉腰点头。（播放音乐） 师：小朋友们，小兔刚才是怎么跟你们问好的？（引导幼儿说出拍手、叉腰点头等动作） 根据教师的音乐提示，尝试做拍手两次，叉腰点头两次。 师：现在我们也来和小兔问好打招呼吧！（教师语言引导：拍拍小手，点点头；拍拍小手，点点头）	4分钟
二、感知音乐，熟悉动作 教师用钢琴弹奏《拍手点头》，幼儿初步感知音乐的节奏。 师：谁会了？来试试看！（幼儿个别示范） 师：××小朋友像小兔一样，能跟着音乐拍手两次，然后点头两次，做得很认真，很有节奏感。我们大家跟着他一起来做做吧！ 集体跟随音乐做动作。 集体边唱边表演。 师：我们一起边听音乐，边拍拍小手、点点头。	6分钟

三、变化节奏，练习动作（一拍一次做动作） 师：大家拍得太好了，小兔想和大家比一比。 教师扮演小兔，示范边唱边表演。 师：这次小兔和之前做的动作有什么不一样？（动作更快了） 师：小兔拍了几次手，点了几次头？小朋友们也来学学小兔吧！ 教师用钢琴单手慢速弹奏《拍手点头》的旋律，引导幼儿做动作。 教师用钢琴中速弹奏《拍手点头》的旋律，引导幼儿一拍一动做动作。	5分钟
四、跟随音乐，完整游戏 师：和小兔一起表演《拍手点头》，先做两拍一动的动作，再做一拍一动的动作。 请动作比较规范的幼儿示范表演。 幼儿邀请好朋友一起表演《拍手点头》。	3分钟

三、活动评价

播放或弹唱4首律动音乐，分组进行教学设计与测评。

班级		指导教师		组长	
组员					
活动曲目	《我有一双小小手》（陆爱珍 词 张翼 曲）		《捏拢放开》（佚名 词曲）	《洗手帕》（中芳 词 鲁祖兴 曲）	《我的身体》（佚名 词曲）
整体效果（4分）					
音乐节奏感（3分）					
律动感表现（3分）					
小组自评					
小组互评					
教师评价					
综合评价					
备注	评价按完成★（8～10分）、基本完成●（6～8分）、未完成▲（6分以下）的符号填入				

活动 2 中班律动活动“小手爬”

谱例：1–2

小 手 爬

1=C $\frac{2}{4}$

汪爱丽 词曲

中速 欢快、活泼地

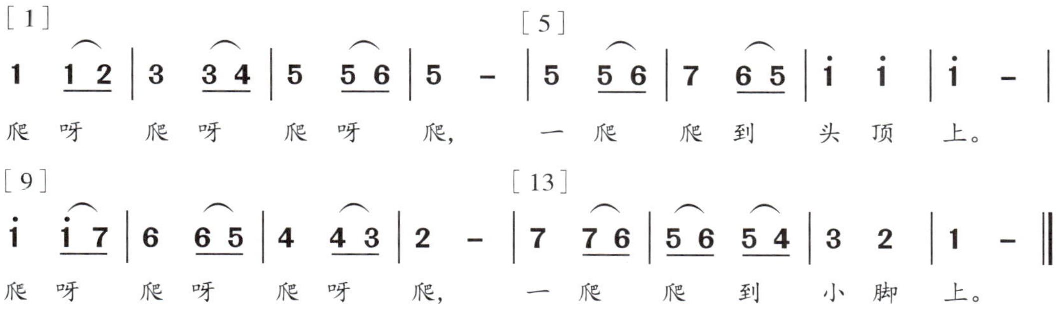

一、动作设计建议

动作建议 1

第 1 ~ 4 小节，做拍手动作，一拍一动。

第 5 ~ 8 小节，做拍头动作，一拍一动。

第 9 ~ 12 小节，做拍腿动作，一拍一动。

第 13 ~ 16 小节，手叉腰，跺脚，一拍一动。

动作建议 2

第 1 ~ 4 小节，双手放在腿上，用两根手指做走路状，一拍一动。

第 5 ~ 8 小节，双手两根手指顺着身体移动到头顶上，一拍一动。

第 9 ~ 12 小节，双手两根手指从头顶移动到腿上，一拍一动。

第 13 ~ 16 小节，手指从腿上往下移动到脚上，一拍一动。

二、教学活动设计

活动名称	律动活动“小手爬”	活动层次	中班
活动目标	1. 幼儿熟悉歌曲旋律，能根据歌词内容合拍做小手在身体上爬的动作。 2. 幼儿借助手在身体不同部位上下爬动，感受和表现旋律的上行、下行。 3. 幼儿能编创歌词：一爬爬到××上。		
活动重难点	重点：根据歌词内容合拍做小手在身体上爬的动作。 难点：编创歌词，并用动作表现歌词内容。		
活动方法	情境教学法、提问法、游戏法等。		
活动准备	物质准备：幼儿围坐成半圆形，《小手爬》的音乐。 幼儿经验准备：对旋律的上行、下行有一定的感知经验。		
课时安排	一课时。		

教学过程	时间分配
一、导入活动——舞动的小手 1. 教师随音乐做“动作建议1”。 师：我们都有一双能干的小手，它们都是我们的好朋友。看，我们的小手会跳舞。 2. 教师引导幼儿学做“动作建议1”。	3分钟
二、小手玩游戏 1. 教师边念第一句歌词，边示范动作。 师：今天，我们的“手朋友”还会和我们做游戏呢！瞧，老师的小手在做什么？ 教师一边念第1～8小节的歌词，一边做动作。 2. 教师念第9～16小节歌词，并示范动作。 师：看，老师的小手爬到哪里去了？（头顶上）我们再来看一看，小手又爬到哪里去了？（小脚上） 3. 教师带领幼儿边念歌词边做小手“爬”的动作。引导幼儿共同游戏，体验小手从脚爬到头顶，再从头顶爬到小脚的变化。 师：我们一起来学学小手爬的游戏。 4. 教师引导幼儿随音乐玩游戏，感知旋律上行、下行的变化。 师：我们边听音乐边玩游戏吧！	10分钟

三、编创歌曲 1. 鼓励幼儿大胆表达自己的想法，引导幼儿用自己的小手爬到身体的其他部位。 师：小手除了可以爬到头顶上、小脚上，还能爬到我们身体的哪些地方呀？ 2. 鼓励幼儿根据自己编创的歌词做出相应的动作。 教师唱第1～6小节，幼儿编创“××上”。教师根据幼儿的编创内容引导幼儿集体做相应的动作。	10分钟
四、游戏结束 1. 幼儿两两合作，用小手在对方的身体上“爬”。 师：除了在自己身上爬，我们还可以和好朋友一起玩，在朋友的身上爬，我们来试试。 2. 鼓励幼儿和同伴、家人互相玩小手爬游戏。 师：今天我们做了好玩的小手爬游戏，回家以后可以和你们的爸爸妈妈一起做这个好玩的游戏。	2分钟

三、活动评价

播放或演奏4首律动音乐，分组进行教学设计与测评。

班级		指导教师		组长	
组员					
活动曲目	《两只小鸟》（美国童谣）	《头发，肩膀，膝盖和脚》（英国童谣）	《幸福拍手歌》（[日本]木村利人 词 [日本]有田怜 编曲 陈永莲 译配）	《猴子爬树》（汪爱丽 曲）	
整体效果（4分）					
音乐节奏感（3分）					
律动感表现（3分）					
小组自评					
小组互评					
教师评价					
综合评价					
备注	评价按完成★（8～10分）、基本完成●（6～8分）、未完成▲（6分以下）的符号填入				

活动3 大班律动活动“扑蝴蝶”

谱例：1-3

扑 蝴 蝶

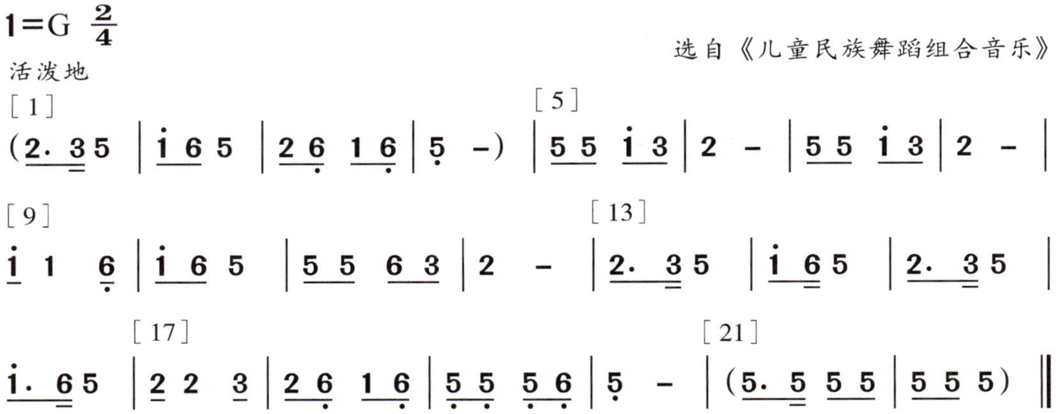

一、动作设计建议

前奏（第1～4小节）

幼儿站立，按顺时针方向围成圆圈，做观察的动作，准备律动。

第一遍音乐

第5~8小节，幼儿双手叉腰，按顺时针方向围成大圆圈，走小碎步。

第9~12小节，幼儿站立，双手侧平举，做手腕花动作两次。

第13~16小节，同第5~8小节。

第17~20小节，同第9~12小节。

第二遍音乐

第5~6小节，幼儿按顺时针方向围成大圆圈，做单脚蹦跳步，双手由上而下做扑蝴蝶动作一次。

第7~8小节，幼儿双手由下而上提腕抖动手腕，做放蝴蝶动作一次。

第9~10小节，同第5~6小节。

第11~12小节，同第7~8小节。

第13~20小节，幼儿面向圈内方向，双手前平举，做手腕花动作四次。

第21～22小节，幼儿双手叉腰，做小碎步调整，保持圆形队形。

二、教学活动设计

活动名称	律动活动“扑蝴蝶”	活动层次	大班
活动目标	1. 幼儿会跟随音乐旋律有节奏地做手腕花的动作。 2. 幼儿能编创“扑蝴蝶”“放蝴蝶”等情节的舞蹈动作。 3. 幼儿感受乐曲欢快、活泼的气氛，体验和同伴一起表演的快乐。		
活动重难点	重点：学习跟随音乐旋律有节奏地做手腕花的动作。 难点：能编创“扑蝴蝶”“放蝴蝶”等情节的舞蹈动作，体验和同伴一起表演的快乐。		
活动方法	谈话法、示范法、游戏法等。		
活动准备	物质准备：音乐《扑蝴蝶》、蝴蝶图片、小黑板。 幼儿经验准备：观察过蝴蝶，并有户外扑蝴蝶的经验；会小碎步。		
课时安排	一课时。		

教学过程	时间分配
一、欣赏音乐，感受音乐的旋律与节奏 师：夏天到了，花园里有好多蝴蝶飞来飞去，请小朋友们来说一说你们喜欢的蝴蝶。 引导幼儿随音乐手叉腰、小碎步模仿蝴蝶飞舞，提醒幼儿注意表现蝴蝶快乐飞舞时的心情。音乐结束后请幼儿回到座位。	5分钟
二、学习手腕花动作，编创“看蝴蝶”“蝴蝶飞”动作 1. 找蝴蝶，请蝴蝶。 教师一边哼唱音乐，一边做手腕花的动作。做一个手腕花动作，随即出示一只蝴蝶贴在黑板上，请幼儿观察。 师：小朋友们，你们找到蝴蝶了吗？老师在请蝴蝶出来的时候，做的是什么动作？ 教师边提问，边做手腕花引导幼儿回忆并回答问题。 2. 蝴蝶飞。 教师示范手腕花舞蹈动作。在教师“提、翻、压”的口令下幼儿练习手腕花动作，提示幼儿“提”时手心向上，“翻”时手心向下。动作熟练后速度加快。 幼儿跟着音乐练习手腕花动作。教师用“前飞飞、后飞飞”“上飞飞、下飞飞”“左飞飞、右飞飞”等词语，引导幼儿做不同方位的手腕花动作练习。	10分钟

幼儿听音乐围成大圆圈，踩着小碎步，按顺时针方向做手腕花的动作。1个8拍小碎步、1个8拍手腕花交替行进。 三、编创"扑蝴蝶""放蝴蝶"动作 师：小朋友们，平时你们都是怎样去扑蝴蝶的？扑蝴蝶有些什么动作？又是怎样放蝴蝶的？ 引导幼儿大胆尝试自由编创"扑蝴蝶""放蝴蝶"的舞蹈动作，教师多给予鼓励和肯定，肯定勇于编创的幼儿。 根据幼儿编创的动作，教师进行整理加工，幼儿一起跟学，随音乐做"扑蝴蝶""放蝴蝶"的动作。 四、随音乐完整地舞蹈 第一遍音乐，找蝴蝶，看蝴蝶，蝴蝶飞。 第二遍音乐，扑蝴蝶，放蝴蝶。	8分钟 7分钟

三、活动评价

播放或弹奏4首律动音乐，分组进行教学设计与测评。

班级		指导教师		组长	
组员					
活动曲目	《剪羊毛》（澳大利亚民歌）	《卷炮仗》（汪爱丽 词曲）	《逛公园》（美国童谣）	《挤奶员舞曲》（高太 曲）	
整体效果（4分）					
音乐节奏感（3分）					
律动感表现（3分）					
小组自评					
小组互评					
教师评价					
综合评价					
备注	评价按完成★（8～10分）、基本完成●（6～8分）、未完成▲（6分以下）的符号填入				

项目回顾

通过三个体验活动，能熟知简单的律动音乐节奏特点，能掌握律动活动的基本表现形态和律动组合方式，为以后教学活动的开展奠定良好的基础。

项目拓展

收集中外不同风格的儿歌，进行律动活动组织与编创训练。

思考与练习

1. 分析上肢律动和下肢律动的特点，思考如何将两者有效地结合。

2. 结合所学的律动知识，对弹唱儿歌进行律动编创。

项目二 歌唱活动

项目目标

1.熟悉幼儿歌唱活动内容,掌握表现幼儿歌曲的身势动作,掌握基本的幼儿歌唱技能。

2.能启发幼儿,了解并掌握引导幼儿尝试用替换部分歌词的方式对歌曲进行编创的方式与方法。

3.了解与掌握幼儿歌唱教学活动的主要方法。

知识点睛

一、简述幼儿歌唱活动

歌唱是表达、交流思想情感最自然的方式之一,也是幼儿表达自我的一种方法。它能培养幼儿的审美情趣,丰富幼儿的情感体验,启迪幼儿的心智。歌唱在幼儿的音乐活动和日常生活中都具有十分重要的作用。歌唱活动是幼儿音乐教育活动中的重要领域。

二、幼儿歌唱活动目标和内容

1. 幼儿歌唱活动的目标

幼儿歌唱活动的主要目标是引导幼儿用自然、动听的声音正确地演唱歌曲，引导幼儿用歌声表达简单的情绪、情感。幼儿通过歌唱活动学习歌唱的技能与方法，从而更好地抒发情感体验。幼儿歌唱活动的具体目标如下：

（1）能够基本理解歌曲的内容、情绪和所表达的情感，并能表演唱歌曲，进行简单的歌曲编创。

（2）能够积极参与和体验集体歌唱活动，学习与同伴的声音协调一致，并产生情绪情感共鸣。

2. 幼儿歌唱活动的内容

（1）幼儿歌曲

幼儿歌曲有专门为幼儿创作的儿歌，也有流传下来的传统童谣。可供幼儿学唱或是表演唱的歌曲素材丰富，教师可根据班级幼儿的实际学情，精选不同种类的幼儿歌曲让幼儿进行学唱和编创，让幼儿在优美动听的儿歌中体验歌唱的快乐。

（2）幼儿歌唱的基本知识技能

学龄前的幼儿不需要掌握太多超出年龄段的歌唱知识和技能，只需掌握简单的知识技能即可。其基本的幼儿歌唱知识与技能有：正确的歌唱姿势；正确的呼吸方法；掌握准确的音准、节奏和歌词；自然、适宜地歌唱以表达歌曲的基本情绪或情感；较好地与同伴合作、配合表演唱；对保护嗓音有一定的概念等。

（3）幼儿歌唱表演形式

在幼儿园中，幼儿需掌握的歌唱表演形式主要有：独唱、齐唱、接唱、对唱、领唱与齐唱、轮唱、合唱、表演唱等。

三、幼儿歌唱教学活动的主要方法

1. 精心选择歌曲，激发幼儿的兴趣

“兴趣是最好的老师”，一首歌曲是否适合幼儿歌唱，关键在于它能否激起幼儿歌唱的兴趣和欲望。如中班歌唱活动《小蛋壳》，旋律优美，歌词明了，简单易懂，既能激发幼儿对小鸡是怎样出壳的好奇心，又能生动形象地表现小鸡出壳后会干

什么，怎样叫。

2. 优美范唱，感染幼儿，激发幼儿音乐审美情趣

在歌唱活动中，传递歌曲信息的第一使者是教师，引导幼儿认识并学习歌曲的也是教师。每首歌曲都有各自所要表达的内容和情绪或情感。教师应按照歌曲的情感要求、风格特点进行有感情的范唱，引起幼儿的情感共鸣，让幼儿从听觉上感受歌曲的美，保持对音乐的热情，激发幼儿的音乐情绪。

3. 合理运用图谱，帮助幼儿轻松学唱歌曲

幼儿不识字，不识谱，图谱教学在幼儿歌唱活动中的运用是幼儿的视觉参与。图谱能更具体、更形象地展现歌曲的内容、结构，帮助幼儿理解、熟悉、记忆歌曲。在幼儿歌唱教学活动中，我们经常会发现幼儿容易熟悉曲调，但不易记住歌词。如果把歌词内容以图谱的形式呈现，让幼儿观察图谱，那么，幼儿理解图谱内容之后，就很容易去记忆歌词，表现歌曲。

4. 结合肢体语言，快乐表现歌曲

教师用肢体动作帮助幼儿理解、记忆歌曲，进一步感受歌曲的美。

5. 合理利用幼儿经验迁移，培养幼儿编创能力

经验迁移是指幼儿把自己已有的经验迁移到音乐活动中。如小班歌唱活动《打电话》，当幼儿完成歌曲的学唱与表演唱后，教师可引导幼儿用歌曲已有的结构与演唱形式，对歌词进行编创，启发幼儿将生活中的已有经验对歌词进行替换，重新编创对话进行演唱，训练幼儿编创能力，巩固对歌曲的理解力。

6. 创设游戏情境，体验活动的快乐

边唱边玩是幼儿最喜爱的学习形式之一。在愉快的歌唱游戏中，不仅能提高幼儿的歌唱能力以及对音乐的感受、理解和表达能力，还能陶冶幼儿的身心。游戏是幼儿在幼儿园的主要活动，现代教育提倡游戏化教育，同样在歌唱教学活动中也可以将游戏渗入其中。对于一些歌唱活动，教师可以设计一些游戏，让幼儿在游戏中歌唱。小班歌唱活动《打电话》就是在游戏化的教学中引导幼儿学唱歌曲，熟练地与同伴对唱问答，引导幼儿学习用轻快的声音表现歌曲，唱准节奏，唱清歌词，创设情境，让幼儿在游戏、表演唱歌曲中体验歌唱活动的快乐。

7.创设多种舞台形式,调动幼儿歌唱积极性

幼儿歌唱时的情绪情感是整个歌唱活动中的灵魂。在歌唱活动中应更多地关注幼儿的音乐情绪,利用不同的方法激发幼儿的情绪,要尽量让幼儿体验快乐,创设各种供幼儿表演展示的舞台或场景,激发幼儿表现欲,以及对歌唱的积极性。如我们在活动室创设一些音乐角、小舞台,举办“小小音乐会”等活动,让幼儿进行个别或小组的音乐活动。这样能给不同能力的幼儿提供多种表现机会,不仅能调动幼儿学习歌曲的积极性,也能让幼儿在歌唱活动中展示歌唱的技能,同时也能培养幼儿对音乐的感受力、记忆力、理解力、想象力和表现力,提高幼儿的音乐素养。

四、关键经验

1. 3~4岁幼儿歌唱能力的发展(幼儿园小班)

(1)歌词方面:该年龄阶段的幼儿记忆力逐渐增强,最易记住的是象声词,其次是形象且具体的内容和易理解的词。对于抽象概念的词,受理解能力的限制而不易记住。在歌词表达方面,3~4岁幼儿能较完整地掌握简短的句子或教唱歌曲中相对完整的片段。但受认知能力、听辨能力、发声能力等的局限,该年龄阶段的幼儿在对歌词的理解上存在一定的困难。对于歌词中不熟悉的字、词往往吐字不清,如偶尔会将平舌音和卷舌音相混淆。

(2)音域方面:3~4岁幼儿的音域大致在小字一组c到小字一组a(即c^1~a^1)之间,但也存在个体差异,音域稍宽的幼儿甚至会达到小字二组c(即c^1~c^2);音域偏窄的幼儿也有只能唱三个音左右的情况。一般情况下,该年龄阶段幼儿唱起来较舒服、轻松的音域是d^1~g^1之间。

(3)旋律音准方面:该年龄阶段的幼儿在旋律的感知方面存在差异性和不确定性,因此有相当一部分幼儿不能准确地唱出歌曲的旋律,存在走音现象,尤其是在没有伴奏的情况下独立歌唱时。教师可采用多范唱或让幼儿多听,或使幼儿多跟琴唱等方式来帮助幼儿纠正音准。

(4)节奏、节拍方面:3~4岁幼儿容易感受和掌握简单的二分音符、四分音符、八分音符所构成的歌曲节奏,对四二拍、四四拍的歌曲等类似心跳、呼吸、走路、跑步等节奏的歌曲容易掌握。

(5)呼吸方面:3~4岁幼儿对气息的控制存在困难,教师应注意提醒幼儿歌唱时保持住气息,保持长音。

(6)合作协调性方面:3~4岁幼儿在集体歌唱时的合作协调能力较差,不太会相互配合,超前拖后的现象较多,因此在集体演唱中很难唱整齐。

(7)歌唱技能方面:在幼儿园良好教育的影响下,小班后期的幼儿对已熟悉和理解的歌曲能用合适的速度、力度、音色等变化来表现歌曲。如以声音的强弱力度来表现大鼓、小鼓的大小声。在集体歌唱活动中,通过学习和练习,幼儿初步建立起合作协调的意识,并体会到集体歌唱的乐趣。

2. 4~5岁幼儿歌唱能力的发展(幼儿园中班)

(1)歌词方面:4~5岁幼儿记忆歌词的能力相比前一年龄段有了进一步的提高,能够较准确地再现已学唱过的歌曲的歌词。对歌词的听辨、理解、记忆等能力得到进一步提高,发音状况也有了明显的改善,唱错字、发错音的情况逐步减少。

(2)音域方面:4~5岁幼儿歌唱的音域有了进一步扩展,一般可以达到c^1~b^1,但仍存在个体差异。

(3)旋律音准方面:4~5岁幼儿歌曲的储备数量增加,对旋律的感知、识别能力逐步提高,对音准的把握有了一定的进步。在教师的引导下,大多数幼儿能掌握旋律变化稍复杂的歌曲,但因个体差异性,部分幼儿在旋律的感知、音准的把握上仍然存在困难。

(4)节奏、节拍方面:随着歌唱教学活动的增多,4~5岁幼儿能逐渐熟悉和掌握四二拍、四四拍歌曲,初步感知少量三拍子歌曲,能逐渐熟练地掌握二分音符、四分音符、八分音符组成的歌曲节奏,还能比较准确地再现常见的节奏型,甚至能再现带附点、切分音的节奏。大多数幼儿能掌握节奏变化稍微复杂的歌曲。

(5)呼吸方面:4~5岁幼儿对气息的控制能力有了一定的提高,能逐步学会控制较长的气息,在教师引导下,学会按乐句和情绪的要求换气。对前奏、间奏的关注度进一步提高,随意断句、换气的现象有明显的改善。

(6)合作协调性方面:4~5岁幼儿歌唱协调能力有所提高,能懂得在歌唱速度、力度、表情等方面与集体协调一致,并能有意识地配合同伴进行对唱、齐唱等。该阶段的幼儿也常在游戏、玩耍时伴随着哼唱，以及公开表演活动中会进行即兴跟唱。

（7）歌唱技能方面：随着幼儿对歌曲内容、情感的体验和理解能力的提升，4~5岁幼儿在演唱歌曲时，对速度、力度、音色等的把握和表现相对小班时期更为准确，并且表现出一定的创造性。如替换部分歌词等，自发地变换歌唱的形式和内容等。

3. 5~6岁幼儿歌唱能力的发展（幼儿园大班）

（1）歌词方面：5~6岁幼儿随着语言功能的发展，能记住更长、更复杂的歌词，对词意的理解力也有了进一步提高，歌词内容能更加准确地掌握，歌词的吐字发音更加准确。

（2）音域方面：5~6岁幼儿一般音域在c^1~c^2，个别幼儿甚至更宽，音域较窄的幼儿一般可到b^1或者a^1。

（3）旋律音准方面：5~6岁幼儿对旋律的感知、识别能力得到进一步发展。音准方面的进步很大，能够比较准确地唱出旋律音高，对级进音程、三级小跳音程或四度、五度大跳音程的演唱也不会感到太吃力，初步建立起调式感。

（4）节奏、节拍方面：5~6岁幼儿能够演唱节奏、节拍更丰富的歌曲。能准确地表现四二拍、四四拍的歌曲，对三拍子的歌曲也有了一定的了解和掌握。能更准确地演唱带有附点节奏和切分节奏的歌曲。

（5）呼吸方面：5~6岁幼儿气息保持的时间较以前进一步延长了，能够按乐曲的情绪要求与乐句划分较自然地换气。

（6）合作协调性方面：5~6岁幼儿的合作协调能力得到进一步加强。在集体演唱时，能根据歌曲的速度、力度等配合集体保持一致；音色方面，能够基本做到与集体协调一致；整齐度方面，能与集体同时开始、同时结束演唱，能较准确配合歌曲的前奏、间奏。该年龄段的幼儿对对唱、轮唱、接唱等不同的演唱形式产生兴趣。

（7）歌唱技能方面：5~6岁的幼儿在歌唱时表现意识进一步加强，歌唱的音色、表情更趋丰富，能积极主动地通过音色、节奏、速度、力度上的对比变化生动细致地表达不同情绪的歌曲。能积极参与歌唱编创活动，而且会努力使自己的表现与众不同，如编创歌词、即兴编创小曲等。

体验活动

活动1　小班歌唱活动“打电话”

活动2　中班歌唱活动“小蛋壳”

活动3　大班歌唱活动“春晓”

活动1　小班歌唱活动“打电话”

谱例:2-1

打　电　话

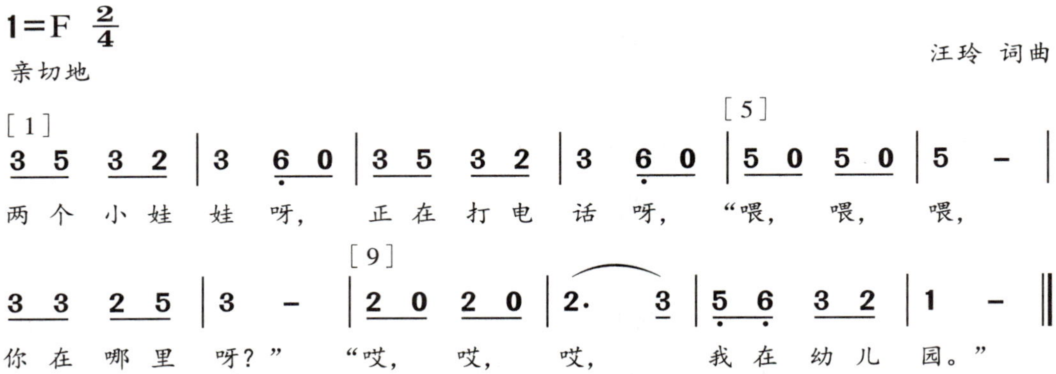

一、动作设计建议

动作建议1

第1～2小节，做数字二的手势动作，一小节一动，先右后左。教师示范，幼儿模仿。

第3～4小节，右手做打电话的动作，一小节一动，方向同前。

第5～6小节，点头三次，右手打电话动作不变，一拍一动。

第7～8小节，头、手不动，唱歌时带有询问的神态，眼睛看着教师。

第9～12小节，头、手不动，带着回答的语气演唱。双手放在腿上，坐端正，眼睛看着教师。

动作建议2

第1～4小节，两个幼儿一组，面对面做摆头动作，一拍一动。做打电话姿势时头不动。

第5～8小节，两个幼儿同时偏着头保持四拍。

第9～12小节，两个幼儿面对面坐着，相互看着对方，用回答的语气演唱。

动作建议3

第1～4小节，两个幼儿一组，一个人站，一个人坐，做打电话动作。

第5～8小节，分角色演唱，站立着的幼儿用询问的语气唱歌词。

第9～12小节，坐着的幼儿用回答的语气演唱。（这里可进行角色互换演唱练习，并可以编创自己想做的动作）

二、教学活动设计

活动名称	歌唱活动“打电话”	活动层次	小班
活动目标	1. 幼儿能通过角色扮演和情境创设理解歌词，并用自然的声音演唱。 2. 幼儿尝试在情境中演唱歌曲，体会唱歌的乐趣。		
活动重难点	重点：用自然的声音演唱歌曲。 难点：感知歌曲中的一问一答的演唱方式。		
活动方法	情境教学法、游戏教学法、提问法等。		
活动准备	物质准备：电话铃声的音频、《打电话》的音乐、娃娃手偶、玩具电话等。 幼儿经验准备：生活中有过打电话的经验。		
课时安排	一课时。		

教学过程	时间分配
一、活动导入，引发幼儿兴趣 1. 播放电话铃声，教师提问。 师：小朋友们，你们刚刚听到了什么声音？ 2. 说一说。 师：你们会打电话吗？大家来模仿一下，你们平时是怎样打电话的？ 小结：打电话需要一个人说，一个人听；或者一个人问，一个人来回答。 3. 问答练习。 师（问）：喂，喂，喂？ 幼儿（答）：哎，哎，哎！ 重复一次后师生交换角色。 师（问）：你在哪里呀？ 幼儿（答）：我在幼儿园。	2分钟

二、学习歌曲《打电话》 1. 出示手偶,角色扮演,帮助幼儿理解歌曲的内容。 教师出示手偶提问。 师:你们看,是谁来啦?他们今天给我们带来一首好玩的歌曲,我们一起来听一听吧! 2. 教师手持手偶表演,同时清唱歌曲,唱完后提问。 师:老师刚刚演唱的两个小娃娃在干什么?(打电话) 师:这首歌的名字就叫作《打电话》。让我们跟着音乐再听一听,你们可以随着音乐动一动。	2分钟
3. 教师通过手偶分句教唱歌曲,通过提出问题帮助幼儿学习歌曲。 师:男生娃娃是怎么问的? 教师辅助幼儿一起唱答,用歌唱的方式引导幼儿感知旋律。 幼儿(答):喂,喂,喂,你在哪里呀? 师:女生娃娃又是怎么回答的? 幼儿(答):哎,哎,哎,我在幼儿园。	2分钟
4. 完整演唱歌曲。 (1)教师带领幼儿跟着琴声伴奏演唱。 (2)分角色演唱,感知歌曲中的一问一答方式。 (3)师生分组扮演角色,表演唱歌曲。 (4)幼儿按性别分组扮演角色,表演唱歌曲。	5分钟
三、延伸活动 将幼儿活动照片投放到音乐区,鼓励幼儿根据图片继续编创、演唱歌曲。	5分钟

三、活动评价

播放或演奏4首儿歌，分组进行教学设计与测评。

<table>
<tr><td>班级</td><td></td><td>指导教师</td><td></td><td>组长</td><td></td></tr>
<tr><td>组员</td><td colspan="5"></td></tr>
<tr><td>活动曲目</td><td colspan="2">《打电话》
（儿歌 汪玲 词曲）</td><td>《小星星》
（法国儿歌）</td><td>《夸夸我》
（佚名 词曲）</td><td>《小白兔》
（佚名 词曲）</td></tr>
<tr><td>整体效果（4分）</td><td colspan="2"></td><td></td><td></td><td></td></tr>
<tr><td>音乐节奏感（3分）</td><td colspan="2"></td><td></td><td></td><td></td></tr>
<tr><td>律动感表现（3分）</td><td colspan="2"></td><td></td><td></td><td></td></tr>
<tr><td>小组自评</td><td colspan="2"></td><td></td><td></td><td></td></tr>
<tr><td>小组互评</td><td colspan="2"></td><td></td><td></td><td></td></tr>
<tr><td>教师评价</td><td colspan="2"></td><td></td><td></td><td></td></tr>
<tr><td>综合评价</td><td colspan="5"></td></tr>
<tr><td>备注</td><td colspan="5">评价按完成★（8～10分）、基本完成●（6～8分）、未完成▲（6分以下）的符号填入</td></tr>
</table>

活动2 中班歌唱活动“小蛋壳”

谱例：2-2

小 蛋 壳

一、动作设计建议

第一段歌词

第1～4小节，拍手动作，一小节一动，先右后左。

第5～8小节，头做画圈动作。

第9～13小节，重复一次，头做画圈动作。

第二段歌词

第1～4小节，表现可爱的动作(可以自由发挥)，一小节一动，先右后左。

第5～8小节，模仿小鸡的动作。

第9～13小节，重复一次，模仿小鸡的动作。(可以自由发挥)

二、教学活动设计

<table>
<tr><td>活动名称</td><td colspan="2">歌唱活动“小蛋壳”</td><td>活动层次</td><td>中班</td></tr>
<tr><td>活动目标</td><td colspan="4">1. 引导幼儿理解歌词内容，完整演唱歌曲。
2. 引导幼儿能根据歌词内容编创合适的动作进行歌表演。
3. 引导幼儿体会歌词的幽默感，用声音和动作进行表现。</td></tr>
<tr><td>活动重难点</td><td colspan="4">重点：理解歌词内容并完整演唱。
难点：表演唱歌曲，表现出歌曲的幽默感。</td></tr>
<tr><td>活动方法</td><td colspan="4">情境教学法、提问法、直观演示法等。</td></tr>
<tr><td>活动准备</td><td colspan="4">物质准备：《小蛋壳》的音乐、歌曲内容相关图谱。
幼儿经验准备：知道小鸡是从蛋里孵化出来的。</td></tr>
<tr><td>课时安排</td><td colspan="4">一课时。</td></tr>
<tr><td colspan="4">教学过程</td><td>时间分配</td></tr>
<tr><td colspan="4">一、活动导入，激发幼儿兴趣
1. 用蛋壳引入活动，激发幼儿参与活动的兴趣。
教师出示蛋壳图片。
师：这是一个神奇的蛋壳，它会变出一个可爱的小动物，但是，必须要说出蛋壳的魔法咒语，它才会打开。那跟着老师来试试吧！
2. 发声练习。
师：跟着我念第一个魔法咒语。
教师用“嗒嗒嗒”“咚咚咚”带领幼儿练声。
师：大家看，蛋壳裂开了一个小小的缝隙。</td><td>2分钟</td></tr>
</table>

二、学唱歌曲第一段歌词 1. 教师清唱，幼儿初听歌曲，感知歌曲的旋律和节奏。 师：第二个魔法咒语是一首歌，需要我们唱会这首歌曲，蛋壳才会完全打开，那让我们一起先来听听，好吗？” 2. 再次聆听歌曲，引导幼儿说出歌曲的内容，出示图谱。 3. 第三次聆听歌曲，教师协助幼儿讲解歌曲的内容。 4. 第四次聆听歌曲，引导幼儿小声跟唱歌曲，感知歌曲中的内容和情绪。（蛋壳慢慢打开）	5分钟
三、学唱歌曲第二段歌词 1. 引导幼儿认真聆听歌曲的第二段歌词，出示图谱。 师：蛋壳打开了，大家仔细听听，歌曲唱的蛋壳里变出了什么东西？ 2. 幼儿再次聆听歌曲的第二段歌词。 师：蛋壳打开了，你们是什么样的心情？那蛋壳里藏着什么呢？我们继续来听一听。 3. 幼儿边听歌曲，边验证排序是否正确。 4. 跟着图片记忆歌词，并跟唱。	6分钟
四、动作表现，巩固歌曲 1. 引导幼儿编创歌曲动作，教师规范动作。 2. 鼓励幼儿上台边演唱歌曲，边表演动作。 3. 请部分幼儿两人结伴，边唱边表演，分别表演蛋壳和小鸡。	6分钟
五、唱唱跳跳 师：现在请你们找到自己的好朋友，一人表演一段，大家合作表演。	7分钟

三、活动评价

播放或演奏4首儿歌，分组进行教学设计与测评。

<table>
<tr><td>班级</td><td></td><td>指导教师</td><td></td><td>组长</td><td></td></tr>
<tr><td>组员</td><td colspan="5"></td></tr>
<tr><td>活动曲目</td><td colspan="2">《小蛋壳》
（张玉庭 词 陈达 曲）</td><td>《小鸟飞》
（儿歌）</td><td>《夸夸我》
（儿歌）</td><td>《一只哈巴狗》
（佚名 词 育苗 曲）</td></tr>
<tr><td>整体效果（4分）</td><td colspan="2"></td><td></td><td></td><td></td></tr>
<tr><td>音乐节奏感（3分）</td><td colspan="2"></td><td></td><td></td><td></td></tr>
<tr><td>律动感表现（3分）</td><td colspan="2"></td><td></td><td></td><td></td></tr>
</table>

小组自评				
小组互评				
教师评价				
综合评价				
备注	评价按完成★（8～10分）、基本完成●（6～8分）、未完成▲（6分以下）的符号填入			

活动3　大班歌唱活动“春晓”

谱例：2-3

春　晓

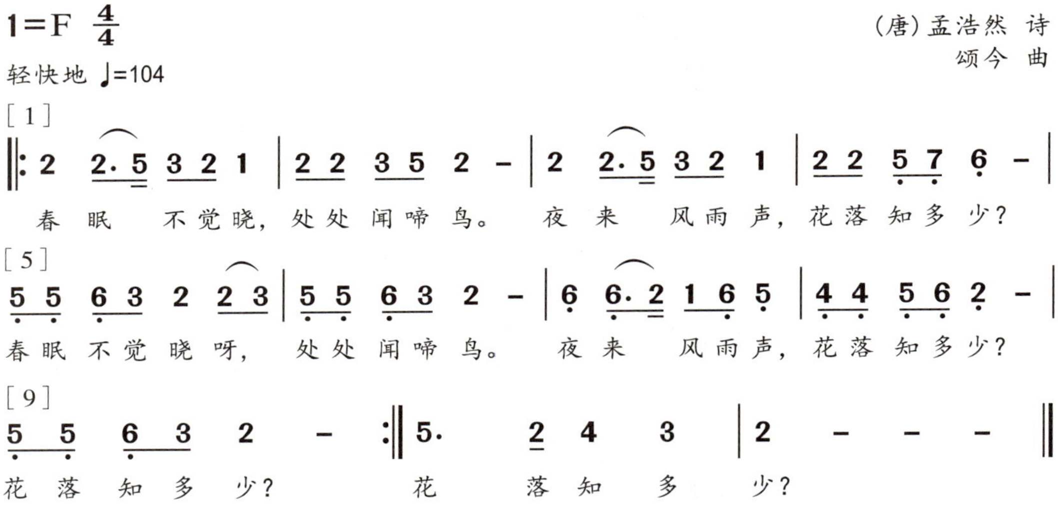

一、动作设计建议

根据歌词内容做动作，一拍一个动作。

第1小节，睡梦初醒的样子。

第2小节，听见鸟儿鸣叫的感觉。

第3小节，夜里风雨交加的情境。

第4小节，花儿飞舞飘落的景象。

第5～8小节重复前面的动作。

第7～9小节，重复前面的动作，比前面的动作更加舒展。

可以多人组合动作，把景物都拟人化表现。

二、教学活动设计

活动名称	歌唱活动“春晓”	活动层次	大班
活动目标	1. 在游戏的过程中引导幼儿熟悉歌曲的旋律、节奏，理解歌词内容，能用自然的声音演唱歌曲。 2. 通过图谱引导幼儿感知短音与长音的不同，并能准确地演唱。 3. 通过学习歌曲，带领幼儿感受古诗歌曲的韵律美。		
活动重难点	重点：能用自然、优美的声音完整演唱歌曲。 难点：感知短音与长音的不同，能准确地演唱。		
活动方法	情境教学法、提问法、游戏法等。		
活动准备	物质准备：歌曲图谱、《春晓》的音乐、有关春天的风景图片、多媒体等。 幼儿经验准备：对古诗有简单的了解，有聆听或背诵过古诗的经历。		
课时安排	一课时。		

教学过程	时间分配
一、教学导入——春的冥想 师：孩子们，你们好，我是“春姐姐”，伴随着我的到来，美丽的春天也来了，快跟我一起去看看吧！ 教师旁白，展示春天的图片课件。 师：小草第一个听见了我的呼唤，它揉着惺忪的睡眼从土里钻了出来，嫩嫩的，绿绿的。你们看，那美丽的花儿竞相开放，红的像火，粉的像霞，白的像雪。阳光温柔、暖暖地照着我们。鸟儿在树林里歌唱，春雨温柔地洒落在地面上，它们都在春天里苏醒了……	2分钟
二、呼吸练习（站立） 教师引导幼儿通过深呼吸的方式做好歌唱准备。 师：亲爱的孩子们，你们就像是春风里的小草、阳光下的花朵。来，看着我的手，一起跟着我的指挥，呼吸春的气息吧！	2分钟
三、引出古诗，呈现歌词（坐下来） 1. 教师带领幼儿一起念古诗，熟悉歌词。 师：大家都很喜欢春天的景色，对不对？早在好多好多年前，有一位伟大的诗人，他叫孟浩然，他写下了一首关于春天的诗，我相信好多小朋友都听过，可能有些小朋友还会背呢，古诗的名字就叫《春晓》。	4分钟

2. 教师清唱，幼儿聆听。 师："春姐姐"不仅会念这首诗，我还会唱这首诗呢！ 四、学唱歌曲 1. 幼儿感知歌曲旋律。 师："春姐姐"唱得好听吗？你们想不想知道我唱得好听的秘密？ 2. 幼儿随琴轻声跟唱。耳朵要注意听琴声，用说悄悄话的音量跟唱。 师：第一个秘诀是，我是听着琴声来演唱的。 3. 幼儿放慢速度跟琴唱，在教师的引导下发现句尾的长音。 师：第二个秘诀嘛，请你仔细听。（教师范唱）谁发现了我的秘诀？歌词的每个字唱的长短是一样的吗？ 4. 教师在图谱上记录下幼儿的发现，请幼儿尝试跟随教师和伴奏一起演唱。 师：第三个秘诀是唱长音的时候嘴巴张大，气息保持住，声音会更美。我们一起来试一试。	10分钟
五、设计图谱，感受短音与长音 1. 幼儿在教师引导下用花朵和花藤设计出小精灵的图谱。 师：森林里的小精灵也喜欢唱歌，可是它们总是分不清哪些音应该唱得短一点，哪些音应该唱得长一些。小朋友们可以帮它们设计一个它们能看懂的图谱吗？ 2. 跟着图谱唱一唱。	5分钟
六、完整演唱歌曲 师：谢谢你们的图谱，你们听，小精灵的歌声多美妙，让我们跟着小精灵的歌声一起唱吧，跳吧，一起畅想美丽的春天。	2分钟

三、活动评价

播放或弹唱4首音乐,分组进行教学设计与测评。

班级		指导教师		组长	
组员					
活动曲目	《春晓》〔(唐)孟浩然 诗 颂今 曲〕	《我爱我的小动物》(佚名 词曲)	《爱我你就抱抱我》(彭野 词曲)	《宝贝去哪儿》(满江 词曲)	
整体效果(4分)					
音乐节奏感(3分)					
律动感表现(3分)					
小组自评					
小组互评					
教师评价					
综合评价					
备注	评价按完成★(8~10分)、基本完成●(6~8分)、未完成▲(6分以下)的符号填入				

项目回顾

学习并掌握幼儿歌唱活动的相关知识,对不同年龄阶段的幼儿歌唱活动进行教学设计。努力拓展并开发新的歌唱活动形式。

项目拓展

从学习歌唱活动的组织中感受音乐,从幼儿各年龄阶段的歌唱特点着手,培养综合的艺术审美能力。

思考与练习

1.思考哪些歌曲适合幼儿演唱、表演、游戏。

2.幼儿歌唱活动的组织与开展的形式、方法有哪些?

项目三 打击乐器活动

项目目标

1. 认识并了解幼儿园常见的打击乐器，能掌握基本的演奏技能。

2. 在熟悉并掌握乐曲的基础上，引导幼儿运用合适的打击乐器进行演奏并进行简单的编创。

3. 能引导幼儿学会看指挥、听音乐，用适合的演奏形式来表现乐曲。

知识点睛

一、简述打击乐器

打击乐器也叫“敲击乐器”，是指通过敲击发出声音而进行演奏的乐器。打击乐器是一种以打、摇动、摩擦、刮等方式产生效果的乐器族群。其中有些是有固定音高的打击乐器，如云锣、编钟等；其他还有一些无固定音高的打击乐器，如拍板、梆子、板鼓、腰鼓、铃鼓等。

二、幼儿园常用打击乐器的种类与使用

1.打击乐器的种类

(1)金属乐器,如三角铁、碰铃、大镲等。

(2)木制乐器,如双响筒、木鱼、响板等。

(3)散响乐器,如铃鼓、沙锤、串铃棒等。

(4)皮革乐器,如腰鼓、大鼓、非洲鼓等。

2.部分打击乐器展示与使用

(1)碰铃 

碰铃,古代称星、铃钹。由响铜或黄铜制成,顶钻有小孔,两枚为一副,用丝线绳或皮绳将两铃相连。碰铃的音色清脆、柔和,且高而轻,是幼儿园常用的一种乐器。演奏时,两手各执一铃,铃口朝上仰举于胸前,互相碰击而振动发音。

(2)串铃棒 

串铃棒是用金属串成的马蹄形(或半圆形、棒形等)的若干个小铃,通过敲击、抖动或摇晃而发音。它可以在音乐的强拍或弱拍上使用。演奏时单手持一只或双手各持一只自然抖动、摇晃,也可以右手握铃向左手手心敲击。

(3)铃鼓 

铃鼓是用皮革(或塑料)蒙在带有可活动的金属小钹的木制围框上,通过手指(或手掌、手腕、肘等)的敲击或手腕的抖动、摇晃引起振动而发音的一种乐器。它兼有鼓和铃两种音色的特点。铃鼓有多种演奏方法:可以用手掌击鼓心,其音色柔和;可以用手掌击鼓边,其音色明朗干脆;可以用鼓面击身体(如肩、肘、膝等),则铃的声音较明显;可以用手腕连续地抖动,则会产生延续音的效果。

(4)三角铁 

三角铁是由一根弯成三角形的钢条制成的打击乐器。用一根金属棒敲击,其发音清脆悦耳,穿透力强。演奏时,将三角铁悬于皮条或绳子上,左手提起,右手用

金属棒敲击。它的演奏方法为右手持金属棒轻敲三角铁缺口的对边中心点或敲击底边的中心点；演奏颤音时，则是来回敲击三角铁缺口的对角的两边。

(5)响板 

响板又称舞板或圆舞板，有木质和塑料两种。它有两片贝壳状木块(或塑料块)，中间用松紧带相连，通过两片木块(或塑料块)的撞击而振动发音。其音色清脆而结实。演奏方法有两种，一种是左右手各持一个响板，用拇指和其他手指捏拢碰击发音；另一种是将响板放在左手手心，用右手掌击而发声。后一种方法比较适合年龄较小的儿童演奏。

(6)木鱼 

木鱼用木头刻制，形似鱼状，中间空，头部有开口。木鱼通过另一根木制的敲棒敲击鱼头而发音，其发音短促，音色清脆洪亮。演奏方法为左手持木鱼，右手持敲棒按节奏敲打木鱼。

(7)双响筒 

双响筒是竹制或木质的圆筒形打击乐器。圆筒中间细、两头粗，中间细的部分为实心，开一圆孔，可以插入一根小棍。演奏时一手持小棍，也可直接拿住中间实心部位；另一手持小木棍敲击空心筒身部位发声。筒身两侧分别有两条细口，由于两侧开口的长短不同，奏出的音高也不同。双响筒声音清脆、结实，通常用来模拟马蹄声。

(8)沙锤 

沙锤是一种用椰壳或塑料制成的空心球体，内装有细小的沙粒状物体，下端装有握柄，依靠手的抖动、摇晃而发音，其声音轻柔。演奏方法为双手各持沙锤的握柄，用手臂带动手腕上下或左右摇动。可以两手同时进行，也可双手交替进行。

(9)钹 

钹,古称铜钹、铜盘,民间称镲。它是用一对响铜制成的圆盘,中间微凸,敲击、摩擦而发音。其音响洪亮而强烈,穿透力强,且有较长的延续音。演奏方法有两种,一种是左右手各持一片圆盘,相互撞击、摩擦而发音;另一种是将单片圆盘悬挂在支架上,右手持鼓槌敲打其边,可以取得另一种音响效果。如果要止住过长的延续音,可以用手捏住圆盘的边缘或将圆盘触碰前胸。

(10)大鼓 

大鼓是用皮革蒙在圆筒状的共鸣箱上,通过鼓槌的敲击而发音的一种乐器。其音色低沉响亮,雄壮有力,通常用来模仿雷声和炮声。大鼓用力击打,能渲染雄浑的气氛;轻轻击打,会产生柔和而绵长的音响。击鼓时,手臂放松,手腕有弹性地敲击。击鼓心会产生厚重的音色且有较长的延续音;击鼓边则音色干脆、生硬单薄,没有延续音。

在幼儿的打击乐器教学活动中,应积极引导幼儿多即兴奏乐,增强幼儿的编创兴趣与能力,通过演奏、想象、讲述以及表演来完成音乐活动,展现幼儿的才能,并在游玩中体验乐器合奏的乐趣。

三、幼儿园打击乐器活动的组织与方法

1.打击乐器演奏整体教学法

幼儿园打击乐器整体教学法的特殊教学方法主要有三种:总谱法、指挥法、创作法。

(1)总谱法

总谱法是通过使用幼儿可以接受的“变通总谱”来帮助幼儿掌握作品的整体音响结构。变通总谱是针对通用总谱(也就是我们常用的简谱和五线谱)来讲的。目前,幼儿园普遍使用的变通总谱主要有:动作总谱、图形总谱、语音总谱三种形式。

动作总谱主要是通过使用不同的动作来表现配器的总体布局。设计时可使用节奏动作、模仿动作、舞蹈动作甚至滑稽动作。让幼儿以自己的身体作为乐器,通

过声势教学,如拍手、捻指、拍腿、跺脚等动作来表现节奏、音色、速度、力度及结构的变化,使幼儿快速掌握音乐的基本结构,为协同一致地演奏好乐曲打下坚实的基础。

图形总谱主要是用不同的图形和色彩来表现配器的总体布局。设计时可使用几何图形,乐器音色的象征图形,乐器形象简化图形,物体、人物、动物形象简化图形或通用乐谱符号。除了图形的线条、形状外,色彩往往也是乐谱的重要素材。

语音总谱主要用语音表现配器的布局。所用的语音可以是有意义的字、词或句子,也可以是无意义的音节。要求词或句子简单有趣、易记和容易上口。

(2)指挥法

指挥法是打击乐器演奏整体教学法中的核心。教师可通过指挥来帮助幼儿掌握作品的整体音响结构,幼儿也可通过看别人指挥或自己指挥的活动不断深入地把握作品的整体音响结构。

指挥法应注意的问题:

①坚持培养幼儿看指挥的良好习惯,可从小班开始。

②教师的指挥动作必须清晰、准确,教师要情绪饱满。

③逐渐培养幼儿在演奏乐器时看指挥,清楚何时开始、轮流、交替、结束。

④教师用身体动作或语言提示,逐渐过渡到让幼儿看教师的手势和眼神指挥演奏。

⑤培养幼儿用体态或正确的姿势指挥演奏者的能力,可从中班开始。

⑥教师应培养幼儿迅速、正确地对教师的指挥做出反应的能力和即兴演奏乐器的能力。

(3)创作法

创作法是打击乐器演奏整体教学法中重要的教学法。它通过引导幼儿参加制订音乐作品的配器方案和参加编制变通总谱的过程来帮助幼儿掌握作品的音响结构。

2.打击乐器演奏的空间处理安排

幼儿园常规打击乐器演奏活动中,乐队可以排列成以下队形:

（1）半圆形

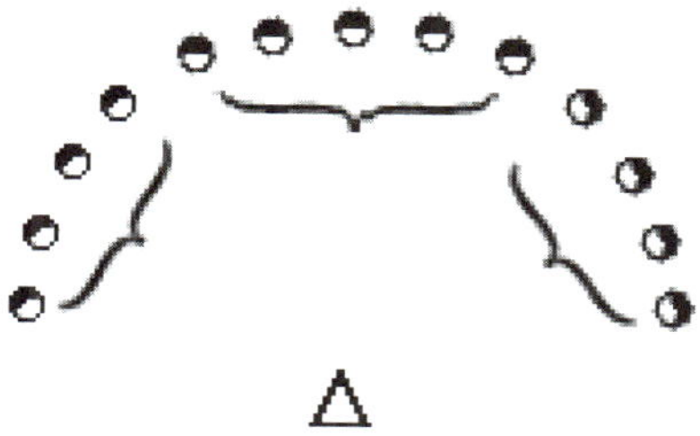

图 3-1

（2）单马蹄形

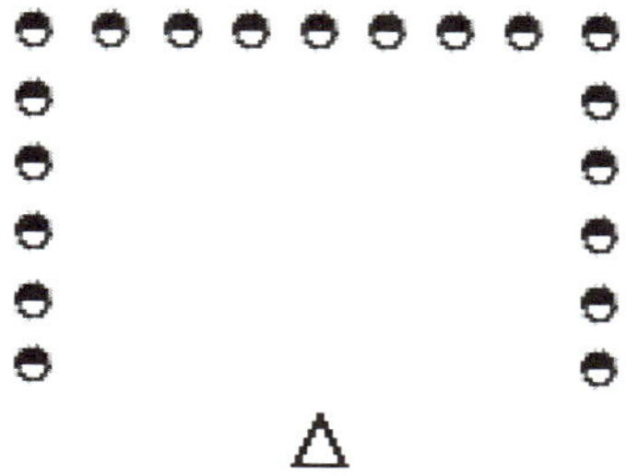

图 3-2

（3）双马蹄形

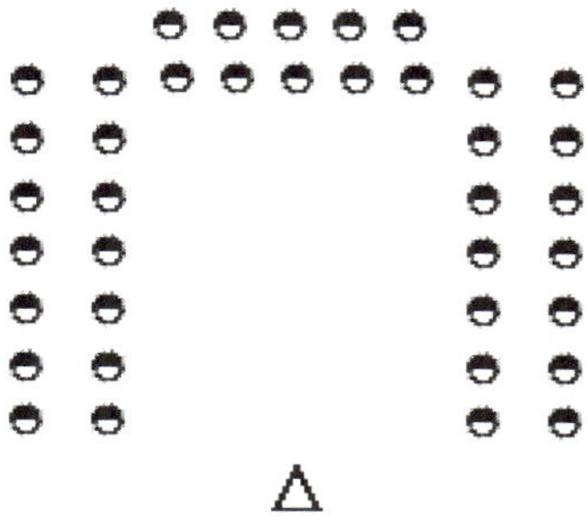

图 3-3

（4）品字形

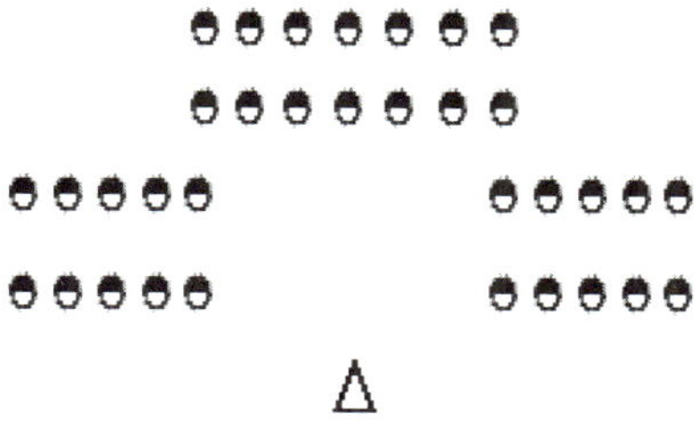

图 3-4

(5)满天星形

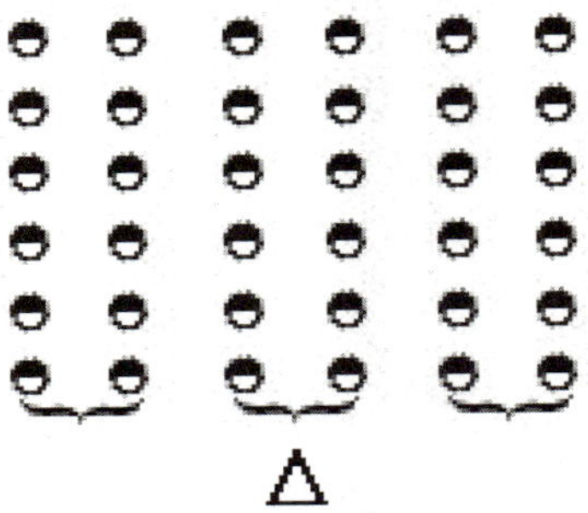

图 3-5

(6)同心圆形

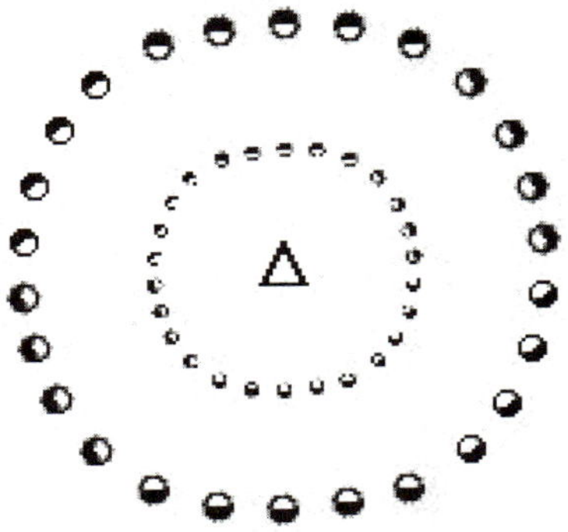

图 3-6

3. 配器的步骤

(1)感受、体验音乐作品的风格。

(2)通过音乐作品的情绪、风格分析它的节奏特点、旋律、歌词内容与整体布局的关系。

(3)选择合适的节奏型和选配适合该年龄段幼儿认知的总谱。

(4)试奏总谱布局和调整配器方案。

(5)运用总谱法转换为适合幼儿理解的变通乐谱。

四、关键经验

1. 3~4岁幼儿打击乐器演奏能力的发展(幼儿园小班)

(1)操作能力方面:3岁左右的幼儿在进入幼儿园后容易被特制的打击乐器(如响板、串铃棒、铃鼓等)所吸引,对乐器演奏会产生较大的兴趣,在教师的引导下他们能学会较简单的演奏技能,如双手各持一个碰铃相互敲击,一手持铃鼓一手拍击鼓面等。该年龄段的幼儿掌握精细动作的能力相对较差,因此,幼儿对乐器的进一步操作和探究能力会受到一定影响。

(2)伴奏能力方面:3~4岁的幼儿对各种乐器的音色有浓厚的兴趣。该年龄段的幼儿因缺乏演奏经验,多数幼儿往往满足于把玩材料、摆弄乐器,而游离于音乐之外,抛弃了演奏的要求。因此,很难用准确的节奏、适宜的音色来表现音乐。

(3)合作协调性方面:该年龄段的幼儿动作的灵活性较差,缺乏自控力,因而在集体演奏活动中体验各声部之间相互配合和协调一致会存在一定的困难。可让幼儿先集体练习演奏同一种乐器来达到同步开始、同步结束的基本合作要求。

(4)创造性表现方面:该年龄段的幼儿在演奏活动中表现出一定的创造性,在教师的引导下能初步选择不同音色的乐器和演奏力度来表现风格比较明显的乐曲。如听到儿歌《大雨和小雨》时,会选用铃鼓的音色、强的力度来表现大雨;用串铃棒的音色、弱的力度来表现小雨。幼儿能在联想与编创活动中体会演奏的愉悦感。

2. 4~5岁幼儿打击乐器演奏能力的发展(幼儿园中班)

(1)操作能力方面:4~5岁的幼儿对乐器演奏的控制能力有所提高,和小班时期相比,在打击乐器的操作和演奏技能方面有了较大的进步。中班幼儿能较好地模仿成人或教师的演奏方法,探索同一种乐器的不同演奏方法,能初步掌握部分打击乐器稍难的演奏技巧,如铃鼓的晃、摇,沙球的震、击等。在打击乐器的演奏过程中,该年龄段的幼儿对乐器力度、速度的调整和控制能力也有所提高。

(2)伴奏能力方面:随着幼儿听觉分辨能力的进一步提升和分化,该年龄段的幼儿的随乐伴奏意识有了很大的进步,能基本合拍地演奏四二拍、四三拍、四四拍的音乐。

(3)合作协调性方面:该年龄段的幼儿不仅能够与同伴同时开始和同时结束演奏,而且能在2~3个不同声部的演奏配合中处理好自己声部和其他声部之间的协调关系,这一年龄段的幼儿在打击乐器演奏活动中看指挥、理解指挥手势含义的能力有所发展。他们慢慢懂得在演奏过程中要始终注意并按照指挥的手势来调整自己的乐器操作和演奏技能。

(4)创造性表现方面:该年龄段的幼儿在原有的集体打击乐器演奏经验积累的基础上,已经能用一些基本的节奏型来创造性地表达音乐,如能用打击乐器编创一个固定的四拍子的节奏型为音乐伴奏等。

3. 5~6岁幼儿打击乐器演奏能力的发展(幼儿园大班)

(1)操作能力方面:5~6岁幼儿掌握了更多的打击乐器演奏方法,演奏方法更加丰富、细化,能掌握更多精细动作演奏技能。在演奏的过程中他们也有主观意识调整自己的演奏方法,更有意识地控制乐器的音量和音色,更好地利用不同乐器的音色和不同的力度来表现音乐。5~6岁的幼儿属于个体表现阶段。

(2)伴奏能力方面:该年龄段的幼儿在注意演奏力度的同时,能更好地关注到音乐,演奏时能较好地与音乐的节奏、节拍相一致,同时对音乐节奏的表现力更强,在原有的基本节奏基础上,还能进一步演奏附点节奏、切分节奏等更复杂的节奏。

(3)合作协调性方面:该年龄段的幼儿在打击乐器演奏活动中的合作协调能力得到了进一步的发展。他们能够在多声部的合奏过程中主动调节好自己的演奏方式,在节奏、音色、速度、力度上较好地达到合作要求,在准确演奏自己声部的基础上,能主动地关注整体的演奏效果。他们能够较明确地理解指挥手势,能够观察指挥调整自己的演奏,还能以体态表情和同伴进行情感交流。

(4)创造性方面:该年龄段的幼儿能更加积极主动地独立思考,他们不仅能够积极地参与为乐器选配合适的节奏型的配器方案体验活动的讨论,而且能自发探索音乐、探索打击乐器的制作,大胆地尝试参与即兴指挥。

体验活动

活动1　小班打击乐器活动“小星星”

活动2　中班打击乐器活动“摇篮曲”

活动3　大班打击乐器活动“柳树姑娘”

活动1　小班打击乐器活动“小星星”

谱例:3-1

小　星　星

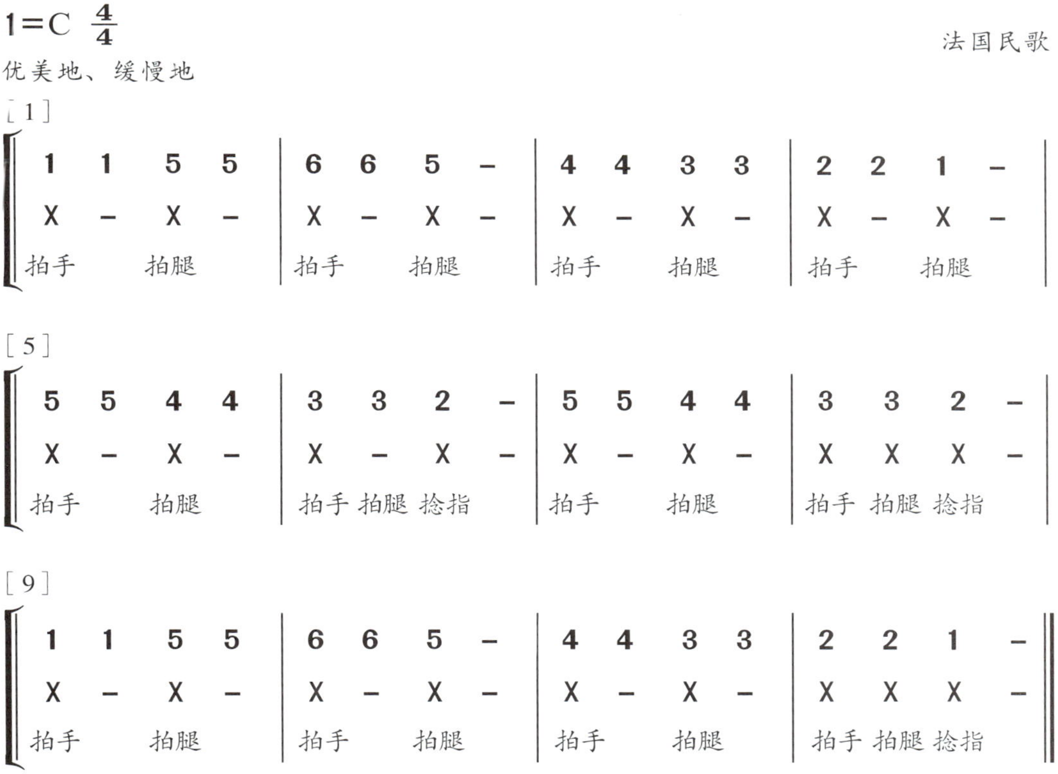

一、打击乐配器设计建议

拍手 ——铃鼓

拍腿 ——响板或木鱼

捻指 ——串铃棒

二、教学活动设计

<table>
<tr><td>活动名称</td><td>打击乐器活动“小星星”</td><td>活动层次</td><td>小班</td></tr>
<tr><td>活动目标</td><td colspan="3">1. 幼儿能初步跟随教师的指挥，合拍做身势动作。
2. 幼儿感知音乐节奏，能用打击乐器听音乐随教师指挥演奏。
3. 幼儿能根据指挥的手势正确取放打击乐器，并尝试看图谱进行简单的合奏。</td></tr>
<tr><td>活动重难点</td><td colspan="3">重点：感受音乐的节拍，跟随乐曲《小星星》进行合拍演奏。
难点：能积极参与小组合奏，体验打击乐演奏过程中的乐趣。</td></tr>
<tr><td>活动方法</td><td colspan="3">观察法、情境教学法、提问法、游戏法等。</td></tr>
<tr><td>活动准备</td><td colspan="3">物质准备：星星图片，《小星星》的音乐，足够数量的铃鼓、串铃棒、响板（或木鱼）。
幼儿经验准备：熟悉《小星星》的音乐，基本能随音乐跟唱，看过歌曲图谱。</td></tr>
<tr><td>课时安排</td><td colspan="3">一课时。</td></tr>
<tr><td colspan="3">教学过程</td><td>时间分配</td></tr>
<tr><td colspan="3">一、导入
1. 节奏练习——乐器会说话。
幼儿围坐成半圆形，教师介绍乐器铃鼓、响板、串铃棒。
师：我们的乐器可聪明了，它会说出好朋友的名字。
教师依次根据节奏示范演奏三种乐器。
出示节奏：
$\frac{4}{4}$ × — × — | × × × — | × — × — ‖
我 的 伙 伴 是 × ×
拍手 拍手 拍手 拍手 拍手
2. 加上乐器进行节奏练习。
幼儿自由选择喜欢的乐器，教师带领幼儿做节奏练习。
二、学习演奏《小星星》
师：我们的小乐器还想给小朋友们介绍一个它的好朋友，我们一起来听听它是谁？
教师完整示范，演奏《小星星》。
师：这位朋友是谁？刚才小乐器是怎么介绍这位新朋友的？
出示图谱，引导幼儿观察并听音乐学做身势动作。</td><td>4分钟

6分钟</td></tr>
</table>

幼儿听音乐随教师做身势动作。 根据图谱节奏读图谱，认识铃鼓、响板、串铃棒的标志，学习演奏方法，练习有节奏地敲击乐器。 引导幼儿尝试根据图谱演奏乐器。 分组，将选择相同乐器的幼儿安排坐在一起。教师根据图谱提示指挥幼儿听音乐演奏。 演奏结束后引导幼儿看指挥手势将乐器放在座位下方。	
三、完整演奏乐曲《小星星》 师：三个小乐器在一起演奏的声音真好听，小朋友们能边看着图谱边看老师的指挥来演奏乐曲了。现在我们不看图谱，只看老师的指挥，你还会演奏吗？ 尝试分小组演奏（铃鼓组、响板组、串铃棒组）。 要求：教师双手向前抬举不动，表示请幼儿拿起自己的乐器；教师双手放下，表示将乐器轻轻放在座位下方。 看指挥演奏乐器。教师指哪边就请哪边的小朋友演奏，不需要演奏时要保管好自己的乐器，不能发出声响。 请一名幼儿和教师一起担任小指挥，指挥全体幼儿演奏，全体幼儿完整合奏《小星星》。 每组请一名幼儿示范，教师指挥。 教师边演唱边指挥幼儿集体合奏。 教师指挥，幼儿听音乐进行合奏表演。	5分钟
四、活动延伸 把铃鼓、响板、串铃棒以及图谱放到音乐区，幼儿在区域活动时可以自由选择乐器进行演奏。	3分钟

三、活动评价

播放4首音乐，分组进行教学设计与测评。

班级		指导教师		组长	
组员					
活动曲目	《小池边》（傣族儿歌）		《加油干》（陕北民歌）	《小青蛙》（佚名 词曲）	《小丑的鼻子》（佚名 词曲）
整体效果（4分）					
音乐节奏感（3分）					
律动感表现（3分）					
小组自评					
小组互评					
教师评价					
综合评价					
备注	评价按完成★（8～10分）、基本完成●（6～8分）、未完成▲（6分以下）的符号填入				

活动2 中班打击乐器活动“摇篮曲”

谱例：3-2

摇 篮 曲

1=F 4/4

舒伯特 曲

柔和、缓慢地

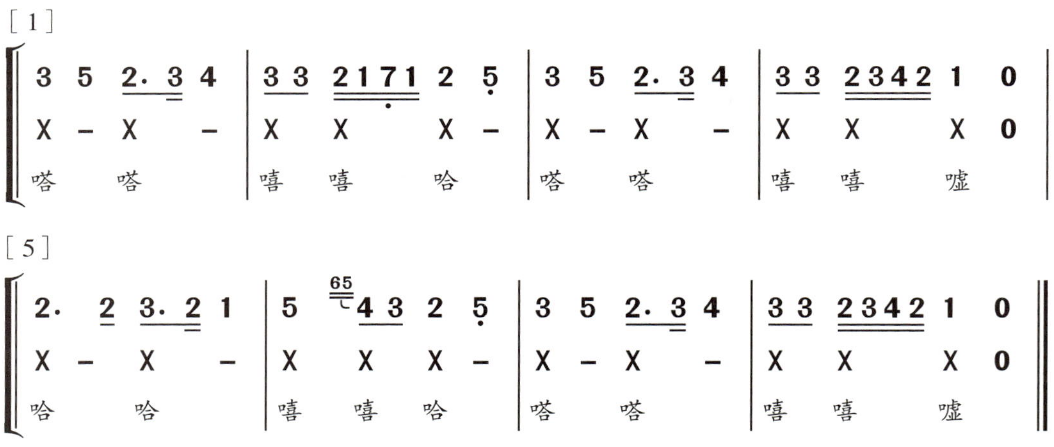

一、打击乐配器设计建议

嗒——碰铃

嘻——沙锤

哈——串铃棒

嘘——响板

二、教学活动设计

活动名称	打击乐器活动“摇篮曲”	活动层次	中班
活动目标	1. 幼儿能根据教师的语言提示用碰铃、沙锤、串铃棒、响板演奏《摇篮曲》。 2. 幼儿感知碰铃、沙锤、串铃棒、响板的音色。 3. 幼儿喜欢乐器演奏活动，有与同伴协调演奏的意识。		
活动重难点	重点：能根据教师的语言提示用碰铃、沙锤、串铃棒、响板演奏《摇篮曲》。 难点：正确地演奏碰铃、沙锤、串铃棒、响板，合奏乐曲时能与同伴协调演奏。		
活动方法	观察法、谈话法、启发法、游戏法等。		
活动准备	物质准备：足够数量的碰铃、沙锤、串铃棒、响板。 幼儿经验准备：对碰铃、沙锤、串铃棒、响板有过简单的接触，熟悉《摇篮曲》的音乐。		
课时安排	一课时。		

教学过程	时间分配
一、导入 力度练习——我的乐器好朋友。 教师出示打击乐器，幼儿选择一件自己最喜欢的乐器，并尝试演奏，让乐器唱歌。 请幼儿说说自己选择的乐器名称。 集体跟做力度练习。 师：乐器轻轻唱（弱力度），乐器大声唱（强力度）。 看教师手势练习：手心向下轻拍（轻摇），手心向上（重摇）。 幼儿看教师手势做练习。 完成练习后请幼儿将自己的乐器收放到座位下面的篮子里。	3分钟

二、练习乐器合奏 出示课件，教师讲解并示范。 嗒嗒，碰铃碰铃敲一敲。（按照节奏敲两下） 嘻嘻，沙锤沙锤摇一摇。（摇两下） 哈哈，串铃串铃啦啦啦。（摇两下） 嘘，响板。（打一下） 幼儿在教师的带领和示范下学习演奏。 拿相同乐器的幼儿坐在一起，根据教师的提示和指挥演奏自己的乐器。 分组练习三遍。	6分钟
三、完整演奏乐曲《摇篮曲》 教师随音乐演唱并指挥幼儿用碰铃、沙锤、串铃棒、响板完整演奏。 幼儿听音乐并根据教师语言提示练习演奏。 幼儿在教师指挥下听音乐完整演奏乐曲。	3分钟

三、活动评价

播放4首音乐，分组进行教学设计与测评。

班级		指导教师		组长	
组员					
活动曲目	《捉泥鳅》（侯德健 词曲）	《加油歌》（佚名 词曲）	《三只小熊》（佚名 词曲）	《小雨沙沙》（许竟 词 王太荣 曲）	
整体效果（4分）					
音乐节奏感（3分）					
律动感表现（3分）					
小组自评					
小组互评					
教师评价					
综合评价					
备注	评价按完成★（8～10分）、基本完成●（6～8分）、未完成▲（6分以下）的符号填入				

活动3　大班打击乐器活动“柳树姑娘”

谱例:3-3

柳 树 姑 娘

1=F $\frac{3}{4}$

优美 抒情

夏晓红 曲
曾曾 改编

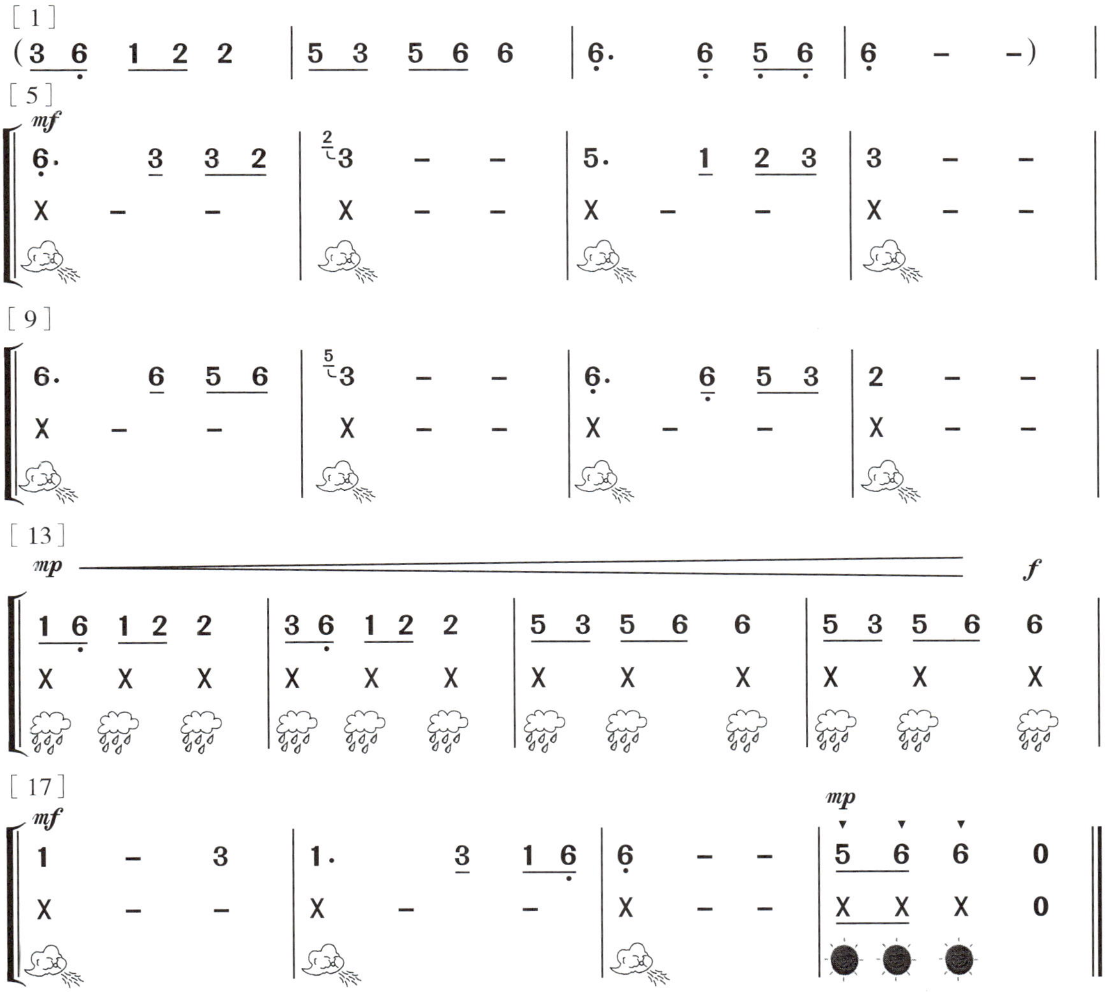

一、打击乐配器设计建议

 ——三角铁

 ——沙锤或串铃棒

 ——响板或木鱼

二、教学活动设计

活动名称	打击乐器活动“柳树姑娘”	活动层次	大班
活动目标	1. 引导幼儿感受乐曲抒情、优美的旋律。 2. 引导幼儿学习三拍子乐曲的演奏方法。 3. 引导幼儿在教师的指挥下看图谱，完整演奏乐曲。		
活动重、难点	重点：幼儿能够看图谱和看指挥进行演奏，感受三拍子音乐演奏特点。 难点：幼儿能正确表现三拍子节奏。		
活动方法	图谱法、情境教学法、游戏法等。		
活动准备	物质准备：变通总谱、演奏图谱，《柳树姑娘》的音乐，三角铁、沙锤、串铃棒、响板、木鱼，幼儿座位呈马蹄形摆放。 幼儿经验准备：学习过三拍子的乐曲，有一定的乐器演奏经验。		
课时安排	一课时。		

教学过程	时间分配
一、情景导入——柳树姑娘 师：春天到了，在美丽的河边，一棵柳树随风飘扬，它像一位美丽的姑娘，柳叶像那随风飘动的长发。听，“她”正唱着一首好听的乐曲。	1分钟
二、聆听乐曲，感知三拍子音乐的节奏 1. 初听音乐，感知三拍子音乐的节拍特点，感受乐曲优美抒情的情绪特点。 教师边引导幼儿欣赏，边用身势动作有节奏地表现乐曲。 师：这首乐曲给你们什么样的感觉？是欢快活泼的，还是优美抒情的？ 师：这首优美抒情的乐曲是一首三拍子的乐曲，它和我们平时所欣赏到的乐曲又有什么不同？ 2. 再次聆听音乐，引导幼儿尝试用身体动作表现白云飘、下雨、太阳出来了等方式感知乐曲。 师：柳树姑娘在河边，谁会来呢？请你们猜一猜。 教师随音乐做声势动作（白云飘、下雨、太阳），幼儿猜猜谁来了，并感知三拍子节奏。 3. 教师引导幼儿在教师的提示下跟着音乐用动作表现乐曲。 师：来，你们也跟着老师随着音乐动起来了，注意听老师的提示。	5分钟
三、看图谱，用身体动作表现音乐 1. 出示图谱，引导幼儿认识图谱。 师：看，这里有一张图谱，我们一起来看一看图谱上都有什么？（白云飘、下雨、太阳）	6分钟

2. 引导幼儿边看图谱边看指挥表现音乐。 师：跟着老师边看图谱边用图谱上的动作来表现乐曲，注意还要看老师的指挥。 3. 分组、分角色表现音乐，引导幼儿看图谱和教师的指挥。 师：现在我们角色扮演，分成三组：白云组、下雨组、太阳组。我们跟着音乐试一试，注意边看图谱边看老师指挥。	
四、看图谱，用乐器演奏音乐 1. 出示乐器，认识乐器。 师：看，今天老师还给小朋友们带来了好玩好听的乐器——三角铁、沙锤、串铃棒、响板、木鱼，我们要给这首好听的音乐再配上我们的乐器演奏。 2. 幼儿一起看图谱并演奏。 师：这次，每组小朋友选一种乐器，眼睛看着图谱，跟着老师的指挥一起来演奏吧！ 分组交换乐器演奏一次。	6分钟
五、结束活动，跟着音乐完整演奏	1分钟

三、活动评价

播放4首音乐，分组进行教学设计与测评。

班级		指导教师		组长	

组员				
活动曲目	《雪绒花》 （[美]奥斯卡·汉默斯坦 词 [美]理查德·罗杰斯 曲 薛范 译配）	《瑶族舞曲》 （刘铁山、茅沅 曲）	《金蛇狂舞》 （聂耳 整理改编）	《星光恰恰恰》 （佚名 词曲）
整体效果（4分）				
音乐节奏感（3分）				
律动感表现（3分）				
小组自评				
小组互评				
教师评价				
综合评价				
备注	评价按完成★（8～10分）、基本完成●（6～8分）、未完成▲（6分以下）的符号填入			

项目回顾

通过三个体验活动，认识及了解幼儿园常规的打击乐器，利用声势教学、图谱认知、有意义的口语化教学来激发幼儿对奏乐活动的兴趣，并帮助幼儿更好地理解和掌握作品的整体音响结构，从而营造轻松欢乐的教学氛围。

项目拓展

了解中外各类打击乐器，针对不同风格的音乐进行即兴打击乐器演奏。

思考与练习

1. 针对不同阶段的幼儿，寻找不同风格的音乐，发挥幼儿在打击乐器演奏教学活动中的主体性，思考如何使用变通总谱让幼儿准确演奏打击乐并表达音乐的情绪。

2. 思考如何引导幼儿（分不同年龄段）用不同类型的打击乐器对不同风格的音乐进行即兴编创，进而培养幼儿的独立性与合作精神。

项目四　音乐欣赏活动

项目目标

1. 能准确把握幼儿音乐欣赏的概念。
2. 能了解并掌握幼儿音乐欣赏活动的教学方法。
3. 能多元化地进行音乐欣赏材料的选择。

知识点睛

一、简述幼儿音乐欣赏

音乐欣赏是音乐活动的重要组成部分，幼儿音乐欣赏是指幼儿通过聆听音乐，对作品进行感受、理解和简单鉴赏的一种审美活动。音乐欣赏是与其他音乐活动紧密联系且富有教育价值的音乐活动。通过音乐欣赏活动的开展，幼儿可接触更多的优秀音乐作品，拓宽音乐视野，丰富音乐经验，发展想象力，同时能培养他们的音乐听觉、音乐感受力和音乐审美能力等。这些能力是随着儿童年龄的增长而逐渐生成、发展并健全起来的，而音乐的感知能力是音乐欣赏的重要前提和基础。

二、幼儿音乐欣赏活动的教学内容

1.倾听周围环境的音响

无论是自然界还是社会生活中都充满了各种音响,如鸟叫声、蛙鸣声、暴风的呼啸声、雨水的滴答声、汽车的鸣笛声、火车的隆隆声等,这些音响与人们语言的声调、朴素的民歌等都是音乐家们进行创作的重要源泉。世界名曲《野蜂飞舞》(里姆斯基-科萨科夫曲)、《云雀》(海顿曲)、《雨滴》(肖邦曲)、《田园》(贝多芬曲)等,就是艺术家用高超的艺术手法表现出来的人类对自然音响的主观感受。专门为幼儿创作的深受学前儿童喜爱的歌曲、乐曲中,也有许多模拟自然音响的成分,如幼儿所熟悉的动物、交通工具发出的声音等。在教学过程中应该有意识地引导幼儿倾听周围生活中的声音。

日常生活中可引导幼儿倾听的声音的种类主要有:

(1)马路上各种交通工具的声音。

(2)厨房中的声音。

(3)家庭生活中的声音。

(4)建筑工地上的声音。

(5)学习生活中的声音。

(6)郊外游玩时的声音。

(7)游乐场各种设施的声音。

2.幼儿音乐欣赏作品的分类

幼儿音乐欣赏作品一般分为歌曲和器乐曲两种类型。

(1)歌曲类

幼儿欣赏的歌曲类作品一般指优秀的中外少年儿童歌曲,包括创作性歌曲和广泛流传的民歌、童谣。如《听妈妈讲那过去的故事》(管桦词、瞿希贤曲),《卖报歌》(安娥词、聂耳曲),《只怕不抵抗》(麦新词、冼星海曲),《小白菜》(河北民歌),《春天来了》(德国儿歌),《铃儿响叮当》(美国儿歌),《请来看看我们的农庄》(西班牙儿歌),《我的小鸡》(苏联儿歌)等。

(2)器乐曲类

幼儿欣赏的器乐曲类作品一般包括由歌曲改编的器乐曲、专门为儿童创作的简单器乐曲、专门为儿童创作的音乐童话故事、中外著名音乐作品或选段等。

由歌曲改编的器乐曲包括由中外优秀儿童歌曲及优秀民歌改编的器乐曲。如《森吉德玛》(贺绿汀根据蒙古族民歌改编)、《茉莉花》(根据江苏民歌改编)、《海滨之歌》(根据日本民歌改编)、《洋娃娃和小熊跳舞》(根据波兰儿歌改编)等。

专门为儿童创作的简单器乐曲。如《小鸟》(罗忠熔曲)、《滑梯》(顾嘉琳曲)、《夏天里过海洋》(根据意大利歌曲改编)、《扑蝴蝶》(丁善德曲)、《青蛙合唱》(汤普森曲)、《熊跳舞》(卡尔·海迪曲)、《狮王》(圣-桑曲)、《我和小蚊子跳舞》(李亚多夫斯基曲)、《小士兵进行曲》(舒曼曲)等。

专门为儿童创作的音乐童话故事。如《龟兔赛跑》(史真荣曲)、《骄傲的小鸭子》(周群烈曲)、《彼得与狼》(普罗科菲耶夫曲)、《动物狂欢节》(圣-桑曲)等。

中外著名音乐作品或选段。如《喜洋洋》(刘明源曲)、《牧童短笛》(贺绿汀曲)、《金蛇狂舞》(聂耳曲)、《瑶族舞曲》(刘铁山等曲)、《在山魔王的宫殿里》(格里格曲)、《打字机》(安德森曲)、《口哨与小狗》(普莱亚曲)、《匈牙利舞曲第五号》(勃拉姆斯曲)、《玩具兵进行曲》(莱昂·耶塞尔曲)、《土耳其进行曲》(贝多芬曲)、《卡门序曲》(比才曲)、《梦幻曲》(舒曼曲)等。

3. 音乐欣赏的简单知识技能

幼儿可以学习的有关音乐欣赏的简单知识技能主要包括:

(1)了解音乐作品的名称、主要内容和常见的表演形式。

(2)了解常见乐器的名称。

(3)能听辨并理解作品的主要情绪、内容、形象及作品的主要结构。

(4)能分辨常见的人声和器乐的音色。

(5)能根据音乐作品的音响展开想象、联想。

三、音乐欣赏材料的选择

音乐欣赏的材料主要由两部分组成:一是音乐作品,包括器乐曲和歌曲;二是辅助性材料,可以辅助幼儿更好地感受和理解音乐作品所采用的辅助性材料。

1. 音乐作品的选择需注意的要点

(1)以音乐作品本身的特点为依托。

(2)与幼儿的各个年龄阶段特征相吻合。

(3)激发幼儿的兴趣,贴近幼儿的生活。

(4)力求点面结合,紧密联系主题活动。

2.辅助材料的选择

在进行幼儿欣赏教学活动时,对辅助材料的选择一般有以下三种:

(1)动作材料

要积极鼓励幼儿用身体动作来表现对音乐的情感反应,而不只是被动地欣赏。在为他们选择辅助的动作材料时,要注意两点:一是所选动作要与音乐作品的旋律、结构、节奏、情感等方面相吻合;二是所选动作不宜太难,要选绝大多数幼儿都能自然地做出。

(2)视觉材料

视觉材料一般指直观、具体地反映音乐的形象、内容、结构、节奏、情绪等可观察性材料。视觉材料有助于强化幼儿的音乐审美感受,帮助其更好地掌握音乐要素、音乐情绪情感等,提升幼儿的审美能力。

(3)语言材料

语言材料一般指形象地表达音乐、情境的有声文学材料,如故事、民谣、诗歌、散文等有声文学。语言材料的选择应注意材料特征要与欣赏的作品意境相吻合,能较好地烘托作品所要表达的情绪、情感,注意语言要优美,用词讲究,充满童趣,为幼儿所喜爱。慎用理性的、分析性的语言。

四、音乐欣赏多感官参与的操作方法

1.律动、舞蹈法

(1)音乐律动要符合幼儿的年龄特点和实际水平,根据年龄大小采用由浅入深、由易到难的教学安排。

(2)创设良好的音乐环境,积累生活经验,让幼儿在欣赏活动中自然地动起来。

(3)凭借直观的道具、夸张的动作、形象的语言激发幼儿的表现欲望。

(4)将音乐律动和其他音乐活动形式有机结合。

2. 故事法

由于幼儿自身对音乐了解的局限性，幼儿在欣赏活动中，很难准确、全面地表达出作品的内容与情感。在引导幼儿欣赏作品之前，要根据幼儿爱听故事的特点，按不同阶段的欣赏要求，将音乐作品编成故事讲给幼儿听。在欣赏前，先通过故事讲述，让幼儿在脑海中形成一些生动的音乐形象，接着再分析作品，再串联起来就形成了一个完整的音乐故事，这样幼儿不但容易理解，而且印象深刻。

3. 语言描述法

让幼儿用语言描述聆听音乐的感受是一件较为困难的事，因为他们受到词汇量和表达能力的局限，常常不能准确地描述。在活动中引导幼儿给音乐编创故事，为了避免偏离主题，可以分段或分句编创。可利用不同的节奏带来的不同气氛，让幼儿想象一种场景；不同音色代表不同角色；旋律的变换可以想象成故事内容。可以分组进行，也可集体进行。

4. 绘画法

在欣赏音乐游戏活动中，可以让幼儿对播放的音乐大胆地展开想象，不要对他们的思维进行限制，鼓励用画笔来表现音乐的色彩和内在的情绪。如“忧伤是什么颜色？”“欢快的乐曲是什么颜色？”“你听到的这段音乐是什么颜色？”带着这些易于被幼儿理解的问题，引导幼儿用他们手中的彩笔在纸上记录不同的音乐色彩，往往会收到意想不到的效果。

5. 图表法

图表法是将歌词用图画或特殊符号的形式表现出来，教师在引导幼儿欣赏时，将表示歌词的图画逐步出示，幼儿易从听觉到视觉形成一个全方位的感受，加深对词曲的印象，保持注意力，提高幼儿积极性。

总之，音乐欣赏活动的开展是要结合幼儿的实际情况选择多种教学方法，不能局限于一种单调的模式，这样才能收到较好的教学效果。

五、关键经验

1. 3~4 岁幼儿音乐欣赏能力的发展（幼儿园小班）

（1）音乐兴趣方面：3~4 岁幼儿已经从周围生活环境中获得了较多的聆听体验和习惯，开始逐步自发地聆听自己所喜欢的音乐并分辨它们。

（2）听辨音乐的能力方面：该年龄段的幼儿对简单的、形象鲜明的乐曲有所反应和感受，虽然他们还不能够完全理解音乐的内容，但对简单的音乐情绪已经有了初步的感受。多数小班的幼儿能听辨风格鲜明的音乐并动起来，随音乐特点做出动作反应。如听到宁静优美的摇篮曲，会自然地晃动身体；听到坚定有力的进行曲则会不由自主地踏步、跺脚。但由于聆听经验不足，他们感知音乐变化的能力还不稳定，不能随音乐要素改变而变化相应的动作。他们能辨认音乐速度的变化，他们的动作能随速度的变化而变化，但对感知力度的变化还有一定的困难。

（3）理解、表现音乐的能力方面：3~4岁幼儿的音乐理解能力是非常有限的，能对生动形象、节奏鲜明的乐曲有一定的感受力，但还不容易理解音乐作品的情绪情感变化。这一年龄段幼儿的音乐理解能力随着认知能力、形象思维的逐步发展，音乐活动经验的不断积累而逐步提高。小班末期时在幼儿园良好教育的影响下能够学会借助联想来理解简单、鲜明的音乐情绪，产生一定的共鸣。对于乐曲基本表现手段的感受和理解则仍存在一定的困难，特别是对音色、节奏、旋律等变化不能很好地辨别。3~4岁的幼儿不能较好地表达对作品的感受，他们往往会用编创身势动作的方式来表现音乐。

2. 4~5岁幼儿音乐欣赏能力的发展（幼儿园中班）

（1）听辨音乐的能力方面：4~5岁幼儿听辨音乐的能力有所提高，逐渐能辨别声音的细微变化，感受能力进一步增强。他们欣赏的音乐作品内容更广泛、种类更多样、风格更多元化，如舞曲、进行曲、摇篮曲，歌曲、器乐曲，中国作品、外国作品等。对不同体裁、风格乐曲的分辨能力也有很大提高，音乐作品中鲜明的音乐形象能较好地辨别，能区分音乐中明显的速度、力度变化。但常常容易把音的强弱与音的高低概念相混淆，因此，很难区分弱的高音和强的低音。在音乐的速度、力度、节奏、结构的把握上，他们往往能够通过教师组织的音乐活动初步感受到乐曲的基本结构，听出乐段、乐句之间的重复以及乐曲在情绪上的明显差异。

（2）理解、表现音乐的能力方面：随着幼儿思维、想象力的进一步发展，4~5岁幼儿对音乐的理解能力也在不断地提高，该年龄阶段的幼儿已能基本理解音乐所表达的情绪和情感，并由此产生一定的联想。这种理解能力通常针对歌曲及标题性器乐曲，幼儿已能借助歌词及已有的生活经验、音乐经验，基本理解音乐所表达的艺术形象,但对于较复杂的、没有标题的纯器乐曲的理解还有一定的困难,需要专业教师的引导。该年龄段的幼儿在欣赏过程中的编创能力也能不断增强。已经能够尝试运用不同符号、词汇来编创和表现音乐。他们基本上能用比较自由、多样的方式对音乐进行编创,并具有一定的独创性,他们随音乐做身势动作的经验更加丰富,兴趣也更强烈。

3. 5~6岁幼儿音乐欣赏能力的发展(幼儿园大班)

(1)对音乐的感受和理解方面:5~6岁幼儿对音乐的感受和理解能力都有了较大进步,已经具有一定的音乐欣赏能力。5~6岁幼儿对音乐速度、力度的感知更加细腻,听辨能力增强,已具备较好的音乐短句记忆、辨别重复性旋律的能力,也具备了一定的体会、理解音乐中情绪、情感的能力。他们能够感知音乐作品中的细节部分,而且能清楚辨别音乐作品的速度、力度、音色、节奏等,能感受辨别简单的器乐曲结构、音色及情绪风格上的细微差别,对歌曲中的演唱形式有一定的辨别力,还能区分一些熟悉的乐器音色。

(2)用语言表达音乐感受方面:5~6岁幼儿用语言表达音乐感受的能力有明显的增强,能用语言表达他们对音乐的情绪体验。他们不仅能正确地辨认熟悉的音乐作品的情绪、情感,而且能感知和注意音乐中的很多细节,能结合想象用一些音乐形象或一定的故事情节来描述音乐内容,能较好地区分和归类音乐形象鲜明的同类型音乐。

(3)把握音乐要素方面:5~6岁幼儿可以把握音乐中蕴含的诸多要素,包括音乐的演奏乐器和演奏场景,音乐中的情感、形象和情节。他们会用自己喜欢的方式来表现音乐,编创意识更积极主动,编创形式更丰富、多样,能够用身体动作、嗓音、语言、图片等多种方式表达对音乐的理解。

体验活动

活动1 小班音乐欣赏活动“蝴蝶飞”

活动2 中班音乐欣赏活动“新年音乐会”

活动3 大班音乐欣赏活动“狮子大王”

活动1 小班音乐欣赏活动“蝴蝶飞”

一、作品分析

小提琴协奏曲《梁山伯与祝英台》是我国经典的民族音乐，有着鲜明的民族风格和特点。“蝴蝶飞”这一欣赏活动的音乐就选取了《梁山伯与祝英台》中《化蝶》这一选段。

选段《化蝶》中长笛以轻柔的力度和缓慢的速度使音乐重新回归于安详、宁静的气氛。长笛美妙的旋律，结合竖琴的滑奏，仿佛把人们引入了仙境。在弦乐背景下，第一小提琴与独奏小提琴再次奏出令人难忘的爱情主题，仿佛化为彩蝶的梁山伯与祝英台在鲜花丛中翩翩起舞，诉说着他们忠贞不渝的爱情。

二、教学活动设计

活动名称	音乐欣赏活动“蝴蝶飞”	活动层次	小班
活动目标	1. 引导幼儿根据图谱提示及音乐的变化做蝴蝶飞舞和停顿的动作。 2. 引导幼儿感知音乐主题乐句的开始和结束，尝试编创蝴蝶飞舞的动作。 3. 引导幼儿感受乐曲优美抒情的旋律，带领幼儿愉快地与同伴玩“蝴蝶找花”的游戏。		
活动重难点	重点：幼儿根据图谱提示及音乐的变化做蝴蝶飞舞和停顿的动作。 难点：幼儿尝试在教师创设的蝴蝶找花的情境中根据图谱提示感知音乐主题乐句的开始和结束，尝试编创蝴蝶飞舞的动作。		
活动方法	图谱记录法、提问法、游戏法等。		
活动准备	物质准备：选段《化蝶》的音乐，花盆四个，红、黄、蓝、彩色花各一朵，大白纸，记号笔，蝴蝶胸贴每人一个。 幼儿经验准备：认识蝴蝶，观察过蝴蝶飞舞的样子。		
课时安排	一课时。		

教学过程	时间分配
一、导入 教师出示蝴蝶图片。 师：孩子们，你们喜欢蝴蝶吗？你们知道蝴蝶是怎样飞的吗？ 幼儿慢慢扇动翅膀。	3分钟

请两三个幼儿模仿蝴蝶飞舞的动作，然后全体幼儿模仿。 二、欣赏音乐《化蝶》 1. 初次完整聆听音乐，初步感受音乐的整体情绪。 师：小蝴蝶给大家带来了一首好听的音乐，在这个音乐里还藏了一个关于蝴蝶的故事，大家一起来听听。 播放音乐。 师：音乐听完了，你们觉得蝴蝶在干什么呢？ 教师创设蝴蝶找花的情境，引导幼儿主动说出。 师：蝴蝶最喜欢和花一起玩了，它们找了哪些花呢？ 2. 再次完整聆听音乐，感知主题乐句的开始和结束。 教师帮助幼儿记录四个主题乐句，并在每句尾音处画一朵花做记录。 图谱记录： 蝴蝶飞路线+红花 蝴蝶飞路线+黄花 蝴蝶飞路线+蓝花 蝴蝶飞路线+彩虹花 师：说说蝴蝶是在音乐的什么地方飞起来的，又是在什么时候停下来的。 3. 跟着音乐表现蝴蝶飞舞和停顿的动作。 幼儿根据教师花盆提示的路线，一边聆听音乐，一边做蝴蝶飞舞或停顿的动作。找到每个主题乐句尾音处，停放一朵花。在结束音处做一个造型动作。	8分钟
三、编创动作，玩蝴蝶找花游戏 师：大蝴蝶是怎么飞的，你们能用动作模仿一下吗？那小蝴蝶呢？蝴蝶还可以怎么飞？ 引导幼儿用大臂挥舞、小臂震动、转圈飞等动作表现各种各样的蝴蝶飞舞的样子。 请幼儿聆听音乐《化蝶》并用自己编创的动作表现蝴蝶飞舞的过程。 请四名幼儿扮演花，其他幼儿扮演蝴蝶，在每一主题乐句结束时，蝴蝶要飞到一朵花面前，并做出花的造型。	3分钟
四、结束活动 全体幼儿贴上蝴蝶胸贴扮演蝴蝶，跟着音乐边做飞舞动作边离开教室，活动结束。 师：今天我们可爱的蝴蝶们找到了四种漂亮的花儿做朋友，现在请蝴蝶们跟着音乐到外面去寻找更多美丽的花儿做朋友吧！	2分钟

三、活动评价

播放或演奏1首音乐，分组进行教学设计与测评。

班级		指导教师		组长	
组员					
活动曲目	《茉莉花》(根据江苏民歌改编)				
整体效果(3分)					
音乐节奏感(3分)					
音乐欣赏活动操作方法(4分)					
小组自评					
小组互评					
教师评价					
综合评价					
备注	评价按完成★(8~10分)、基本完成●(6~8分)、未完成▲(6分以下)的符号填入				

活动2 中班音乐欣赏活动“新年音乐会”

一、作品分析

民族管弦乐曲《喜洋洋》是一首脍炙人口的乐曲，经常在过年的时候演奏。

《喜洋洋》于1958年创作，作者刘明源。乐曲共分三段，第一段的主题取材于山西民歌《卖膏药》，作者运用两个笛子的音色、顿音和加花等手法，充分发挥了原曲轻快活泼的特点，展现出热热闹闹的场面。第二段的主题是由另一首山西民歌《碾糕面》改编的，作者保持了原曲优美舒缓的特点，将上下两句发展成起承转合的四句，再加上笛子、二胡和板胡的音色来丰富乐曲，木鱼则以规整的节奏衬托曲调，好似喜悦的歌声，描绘人们过年时热闹欢愉的情绪。第三段完整重复了第一段的旋律。

二、教学活动设计

活动名称	音乐欣赏活动“新年音乐会”	活动层次	中班
活动目标	1. 引导幼儿感知乐曲《喜洋洋》热闹欢快的情绪特点。 2. 引导幼儿初步感知乐曲三段体的曲式结构，尝试用不同的形式表现对音乐结构的理解。 3. 幼儿能随音乐与同伴进行合作表演。		
活动重难点	重点：幼儿感知乐曲三段体的曲式结构，尝试用不同的形式表现乐曲的结构。 难点：幼儿随音乐合作表演。		
活动方法	情境教学法、合作表演法、多媒体演示等。		
活动准备	物质准备：管弦乐《喜洋洋》的音乐、多媒体、图片等。 幼儿经验准备：有使用过打击乐器的学习经历。		
课时安排	一课时。		

教学过程	时间分配
一、引入活动——回忆中国年的年滋味 师：小朋友，我们刚过了一个快乐的中国年，在过浓浓的中国年的时候，大家都会敲锣打鼓迎新年。	3分钟
二、欣赏音乐 1. 创设新年音乐会的情境，完整欣赏音乐。 师：今天，动物王国里的小动物们也要过新年了，它们要举行一场新年音乐会，有快乐的猴子敲锣打鼓，有温柔的猫咪翩翩起舞。它们会演奏一首很有意思的乐曲，大家想不想听听？ 初步完整聆听音乐。 师：听完了这首乐曲，小朋友们想一想，这首乐曲给你什么样的感受？听的时候你都想到了什么？ 2. 欣赏第一段音乐，引导幼儿感知旋律和音乐的情绪。 师：我们先来欣赏第一段音乐，想一想这像是谁来了，它们在干什么？ 幼儿感知乐曲欢快热闹的情绪，引导幼儿主动说出小猴子敲锣打鼓地欢庆新年的场景。 教师出示多媒体图谱，呈现小猴子敲锣打鼓的欢乐场面，引导幼儿用身体动作感知节奏，表现音乐的欢快情绪。	8分钟

师：现在，我们听着音乐，像小猴子们一样用你们的身体动作来表现音乐。 3. 欣赏第二段音乐，引导幼儿感知音乐优美舒缓的旋律特点，编创优美的舞姿。 师：那我们再来听一听，除了有小猴子在敲锣打鼓，还会有谁在过新年，想想它们在干什么。 幼儿结合多媒体图片再次欣赏第二段音乐，教师引导幼儿用舒缓的舞姿表现音乐的旋律特点。 师：在这舒缓、优美的音乐里，小猫咪们翩翩起舞，我们也来扮演小猫咪，在优美的音乐里跳起来吧！ 再次聆听第一段音乐，引导幼儿重复模仿小猴子敲锣打鼓的动作。	
三、表现音乐，参加音乐会 1. 完整欣赏音乐，幼儿扮演角色进行游戏。 师：现在，小朋友们分为两组：一组扮演小猴子，一组扮演小猫咪。当出现热闹欢快的音乐时，扮演小猴子的小朋友用拍击身体各个部位的方式表现音乐情绪；当音乐变得舒缓时，扮演小猫咪的幼儿用优美的舞姿表现音乐情绪。 幼儿再次随音乐完整表演。 师：音乐告诉我们，小猴子表演了几次？小猫咪表演了几次？ 2. 幼儿用乐器表现音乐。 师：你们想参加音乐会吗？看，老师这里有一些乐器（铃鼓、串铃棒、碰铃棒等），一会儿，我们扮演小猴子的小朋友就用这些打击乐器有节奏地演奏欢快热闹的音乐，扮演小猫咪的小朋友用优美的舞姿表现优美舒缓的音乐，如果我们表现好了，我们就一起去参加音乐会吧！ 3. 根据幼儿的表现情况，适时增加一次。 4. 带领幼儿随音乐欢快演奏，参加音乐会，活动结束。	6分钟

三、活动评价

播放或演奏1首音乐，分组进行教学设计与测评。

班级		指导教师		组长	
组员					
活动曲目	《小士兵进行曲》(舒曼　曲)				
整体效果(3分)					
音乐节奏感(3分)					
音乐欣赏活动操作方法(4分)					
小组自评					
小组互评					
教师评价					
综合评价					
备注	评价按完成★(8～10分)、基本完成●(6～8分)、未完成▲(6分以下)的符号填入				

活动3　大班音乐欣赏活动“狮子大王”

一、作品分析

《狮王进行曲》选自法国作曲家圣-桑的管弦乐组曲《动物狂欢节》。这首乐曲极富形象性与趣味性。乐曲开始，用钢琴的颤音形成阴森的森林气氛。接着，两架钢琴与弦乐一起奏出渐强的音响，进一步渲染气氛。随后，钢琴用很强的力度*ff*奏出，引出《狮王进行曲》的主题。沉重有力的顿音、浑厚低沉的旋律，表现了万兽之王威风凛凛的神态和坚实的步伐。主题重复一遍之后，出现了模仿狮子吼叫的对比性中段。随后，钢琴在高音区再现狮王主题，最后在狮子的吼叫声中结束。

二、教学活动设计

活动名称	音乐欣赏活动“狮子大王”	活动层次	大班
活动目标	1. 结合故事引导幼儿熟悉乐曲，通过寻找狮王声音的情节来感知和体会音乐的结构。 2. 幼儿能通过编创狮王、士兵、小动物的动作来表达对音乐的理解。 3. 幼儿通过简单的角色扮演体会戏剧表演的乐趣。		
活动重难点	重点：能用自己的方式表达对音乐的理解。 难点：根据音乐要素及结构的变化用不同的方式表现音乐。		
活动方法	情境教学法、戏剧表演法等。		
活动准备	物质准备：《狮王进行曲》的音乐、幼儿围坐成半圆形。 幼儿经验准备：幼儿参与过舞台表演的经历。		
课时安排	一课时。		

教学过程	时间分配
一、故事引入 师：森林城堡里，住着威武的狮子大王，它勇敢又强悍，保卫着森林的小动物们。这一天，小动物们听说狮子大王要出来巡视了，大家都想看看威武的狮子大王，可是又有点儿害怕，因为听说狮子大王还带着士兵呢！ 播放音乐。	3分钟
二、融入情节，帮助幼儿厘清乐曲结构 师：（狮王主题出现之前的重音）城门打开了，狮子大王要出城门啦！ 播放狮王主题部分，教师随节奏做身势动作引导幼儿理解音乐。 师：在刚刚的音乐里面谁找到了狮子大王？能不能哼唱一下或用动作表现一下。 选择一位幼儿进行动作展示（利爪、张大嘴咆哮等），大家一起扮演狮王。 再次播放音乐，幼儿听辨音乐并用动作表现。 师：请大家仔细听音乐，在听到狮子大王出来的音乐时就做模仿狮王的动作，看谁扮演的狮子大王最威武。（教师可做适当的引导） 师：城门打开后，狮子大王是第一个出来的吗？（不是）那中间这段音乐表现的是谁先出来了呀？ 播放音乐，教师结合踏步、立正等动作引导幼儿联想音乐形象。	10分钟

师：原来是狮子大王的士兵，它们走在前面，谁来学学士兵的动作？ 幼儿结合踏步等动作模仿士兵的音乐形象。 师：我们一起跟着音乐来做动作，看谁的耳朵最灵，能够听清音乐的变化，并用符合音乐内容和音乐形象的动作表现出来。 播放音乐，幼儿在教师的引导下跟随音乐变换动作，注意音乐节奏。 师：狮王非常威武，它还有一个厉害的本领，就是狮吼功，谁能学学狮子大王的狮吼功？ 请一位幼儿模仿狮子吼叫的声音，教师和其他幼儿点评。 师：请你仔细听一听，音乐里什么地方像是狮子大王在展示它的狮吼功呀？听到了就举手示意。 播放音乐，幼儿边聆听边按要求举手示意，教师可引导一两次。 师：狮王的狮吼功可真厉害，小动物们听到这个声音都吓得躲起来了。你能模仿一种小动物并用动作表现吗？特别是小动物们躲起来的时候怎样做或是什么样子的？ 幼儿模仿自己喜欢的小动物，并创作躲起来的动作或者样子。 三、结合音乐，完整聆听 师：原来音乐里有这么多角色，我们跟着音乐一起来演一演吧！ 完整播放音乐。 教师结合音乐进行旁白，并结合幼儿状态适时进行不同方式的引导。 师：清晨，森林里静悄悄的，突然传来一个消息——狮子大王要出来巡视。（引导幼儿做互通消息的动作）城门打开，士兵们踏着整齐的步伐走出城门。（做踏步敬礼等动作）狮子大王迈着稳稳的步伐昂首挺胸地走出来，真威风啊！（模仿狮王行进的动作）嗷！狮子大王发出巨大的吼声，小动物们都吓得躲了起来。（模仿狮王咆哮的样子）狮子大王继续巡视它的王国。（模仿狮王行进的动作）嗷！狮王的吼声真大呀！（再次模仿狮王咆哮）巡视完后，狮子大王在士兵的护卫下返回了它的城堡。（幼儿自由选择模仿士兵或狮王的动作） 可结合班级幼儿实际情况完成情境音乐欣赏两至三遍。在教师的引导下，幼儿可分组更换不同角色进行音乐表现，可反复体验。	15分钟

三、活动评价

播放或演奏1首音乐，分组进行教学设计与测评。

班级		指导教师		组长	
组员					
活动曲目	《骄傲的小鸭子》(周群烈 曲)				
整体效果(3分)					
音乐节奏感(3分)					
音乐欣赏活动操作方法(4分)					
小组自评					
小组互评					
教师评价					
综合评价					
备注	评价按完成★(8～10分)、基本完成●(6～8分)、未完成▲(6分以下)的符号填入				

项目回顾

通过三个体验活动，熟知音乐欣赏活动的组织特点，掌握音乐欣赏活动设计的表现方式和材料选择，为以后开展欣赏活动奠定良好的基础。

项目拓展

收集适合幼儿欣赏的中外不同风格的音乐作品，进行简单的作品分析与教学活动设计。

思考与练习

1.分析辅助性材料特点，选择多元化的辅助性材料，思考如何有效地运用于教学。

2.结合所学的音乐欣赏知识，根据不同的音乐作品思考教学组织形式与方法。

项目五 集体舞活动

项目目标

1. 能够完成简单的幼儿集体舞编创。
2. 熟知幼儿集体舞队形编排的技巧与方法。
3. 能够掌握幼儿集体舞编排的动作、队形等基本技巧。

知识点睛

一、简述幼儿集体舞活动

幼儿集体舞活动主要是针对某一音乐作品展开的音乐实践活动。幼儿基于对该音乐作品的感受、理解与身势动作表现，在教师的引导和编排下形成的具有舞伴、队形、集体协作完成的集体性表演，能够提升幼儿的空间适应能力和社交能力。

二、幼儿集体舞的种类

幼儿园常用的集体舞类型主要有直列舞、单圈舞、双圈舞、邀请舞等。

1.直列舞

直列舞是指以两直列队形为基本队形的集体舞。可根据自身班级的实际人数情况分组，以两直列队形为基本单位。可集体进行舞蹈，也可两列组之间面对面或侧面进行舞蹈。

2.单圈舞

单圈舞是全体幼儿集体围成一个圆圈，以圆圈的队形进行的集体舞。全体幼儿可顺时针方向进行舞蹈，也可逆时针方向进行舞蹈；可朝向圆圈的中心，也可朝向圆圈外进行舞蹈。

3.双圈舞

双圈舞是全体幼儿围成内外两个圆圈，以双圆圈为队形进行的集体舞。要注意的是如果内圈和外圈需形成对应的舞伴关系，那么形成两个圆圈的人数需相等；反之，如果不需要这种对应关系，则内外圈的人数可随意编排。

4.邀请舞

邀请舞是一种寻找舞伴，并与其合作共舞的集体舞。它可以没有特定的队形，也可以围成圆圈来进行；可以是固定的舞伴，也可以不停地变换舞伴。

三、幼儿集体舞三大要素

1.合适的音乐

南京师范大学学前教育研究所所长徐卓雅教授曾说过，集体舞音乐的选材范围非常广泛，只要音乐好听并具有一定的舞蹈性，能激起幼儿舞蹈的愿望，都可以成为很好的集体舞音乐。那么，在选择集体舞音乐时，要考虑选择有节奏鲜明、结构简单、旋律优美等特点的音乐。

2.动作由易到难地推进

集体舞的动作设计可以先编创上下肢的原地动作，再编创原地的变换动作，最后编创队形及伴随动作变换队形。当然，在实际教学活动中，教师可以融入故事或创设情境等方式，帮助幼儿体验和记忆动作与队形。

3.循序渐进地变换队形

集体舞本身就是强调队形变换的一种舞蹈，变换队形是集体舞中的教学重难点，变换队形可以增强幼儿的空间感与合作协调能力以及对舞蹈的热情。注意不可变换得太过频繁，结合不同阶段的幼儿的实际接受能力循序渐进地推进变换队形。如从单圈队形教学到双圈队形教学。

四、集体舞对幼儿的发展作用

幼儿园集体舞的本质是集体律动，对动作学习的要求比较低，活动过程中主要的关注点是幼儿的相互配合、交流与合作情况，做移位动作时对空间感的协调性及随乐能力等。

集体舞是群体性音乐实践活动。在欢快、优美的音乐中通过肢体动作、眼神、语言等进行情感、信息交流。幼儿园集体活动的开展也为幼儿提供了训练和促进幼儿社交能力的机会，体验同伴之间友好交流所带来的愉悦与情感上的满足。

集体舞要求在队形中完成良好的肢体动作表现，这种肢体动作表现涉及对空间的协调感知能力，如方向、距离等。更重要的是，这要求集体舞中涉及的每一个幼儿需在方向、距离、动作等方面保持协调一致，如果出现不一致的情况，还需随时做出正确的调整。这种调整是基于幼儿的动作协调性与空间感知力。集体舞的开展能有效促进幼儿空间适应能力与肢体协调性的发展。

集体舞编排的动作、队形的变换较好地反映了音乐作品的内容，如作品的旋律、节奏、力度、段落、情绪情感等。幼儿对集体舞的学习与参与，能使其对音乐有更明晰、更深刻的感知与体验。集体舞活动对幼儿动作随乐能力的培养及对音乐本身的学习是润物细无声的，是自然而然的。

集体舞的动作与音乐具有一定的重复性。所以，队形的变换与动作的即兴编创也体现了集体舞活动的创新性。通过队形的变换，寻找新舞伴，产生新的交流合作对象；通过即兴动作编创表演，获得集体舞活动中个性的凸显与发挥。集体舞活动能很好地促进幼儿即兴编创能力的发展。

五、关键经验

1. 3~4岁幼儿集体舞能力的发展（幼儿园小班）

3~4岁幼儿在集体舞活动中动作的协调程度、幅度、速度等表现能力等开始初步发展，在集体舞中基本能学会较准确地、流畅地随音乐做简单的动作。该年龄段的幼儿能在教师的引导下根据音乐的变化（如速度、结构、歌词等），用相应的动作来表现音乐，但动作多局限于拍手、跺脚、点头及小碎步等简单的动作。他们能通过想象用简单的动作来模仿、表现日常生活中所熟悉的具体事物，但动作多以自我为中心。因此，在集体舞活动中不善于与同伴配合、交流，多是各做各的动作。

2. 4~5岁幼儿集体舞能力的发展（幼儿园中班）

随着身体动作的发展，4~5岁幼儿在集体舞活动中能够较自由地做跳步、垫步等连续性的移位动作。幼儿能主动用动作配合中速的音乐，比较轻松合拍地跟着音乐节奏做舞蹈动作。在集体舞活动中他们开始学会用动作和同伴进行合作、交流，如他们会在集体舞中自己寻找合适的位置，不与他人碰撞，能和谐共享空间。该年龄段的幼儿能和同伴配合进行队形变换，与同伴合作表演动作，如两人合作表演两只小白兔一起玩耍、相亲相爱的动作。

4~5岁幼儿主动编创的意识和积极调动已有经验的能力得到了进一步的发展。在教师的引导下能够开始用一些基本的舞蹈动作来进行简单的编创。

3. 5~6岁的幼儿集体舞能力的发展（幼儿园大班）

5~6岁幼儿能主动用动作配合不同速度的音乐进行舞蹈。该阶段的幼儿在集体舞活动中能够做更复杂的上下肢配合的复合动作，如可以掌握需要头部、眼睛、手臂、手指及脚同时协调配合的采茶动作、摘橘子动作等；可以掌握较复杂的连续移位动作，如十字步、跑马步等；可以掌握有腾空过程的简单动作，如双脚跳跃等，但平衡能力还有待提高。

该年龄段的幼儿逐渐体会到用基本动作词汇进行自我表达的乐趣，能够积极地用动作语汇创造性地表现音乐，如再现和表演动画片、幼儿剧中他们感兴趣的人物表情、动作及情节、活动场面。在集体舞活动中他们容易添进自己的直觉和主观想象，表演时根据自己的经验和想象力不断求新与创造。

在集体舞中他们的动作基本能和音乐保持一致，能较准确地随音乐节拍、速度来做舞蹈动作。在集体舞活动中能够用动作、表情、眼神等与同伴交流、合作，他们的合作协调意识越来越明确，合作协调性也进一步增强，并充分体验到集体舞蹈的快乐。

体验活动

活动1　小班集体舞活动“小蜜蜂”

活动2　中班集体舞活动“蚂蚁搬豆”

活动3　大班集体舞活动“青春舞曲”

活动1　小班集体舞活动“小蜜蜂”

谱例:5-1

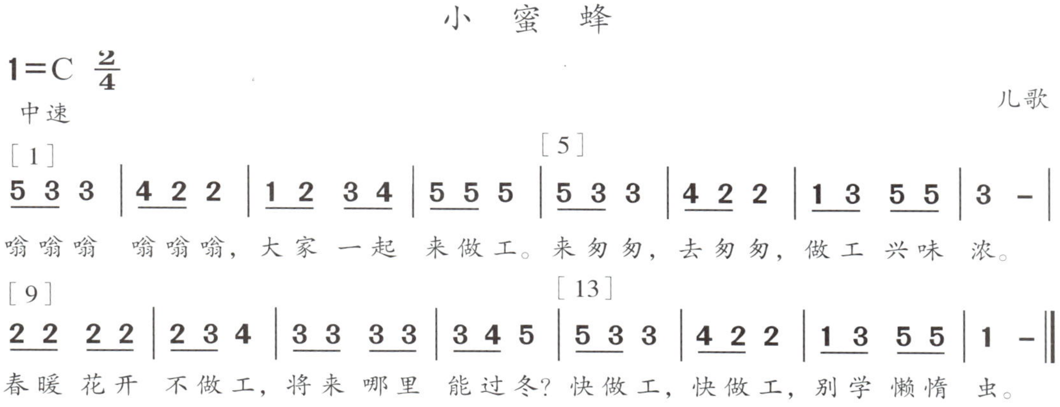

一、动作设计建议

第1~4小节，分别用小臂做扇翅膀的动作。身体向左扇翅膀的时候，双脚站直；身体向右扇翅膀的时候，双脚微蹲。左右两边的同学做相反方向的互动。

第5~6小节，双手握拳于双肩处，手肘往上，左脚勾脚点地，右脚微蹲，头往左边微点。然后手肘向下，双脚并拢。

第7~8小节，双手握拳于双肩处，手肘往上，右脚勾脚点地，左脚微蹲，头往右边微点。然后手肘向下，双脚并拢。

第9~10小节，双手在身体两侧，小臂向后做扇翅膀的动作，并往旁边垫脚小碎步移动。

第11~12小节，双手保持不动，头朝左右微晃。

第13~14小节，左右同学相互拍双手，一个方向两次。

第15~16小节，双手于身前做拒绝摆手动作，然后双手叉腰结束。

二、队形设计建议

幼儿围成一个圆圈,教师在中间。

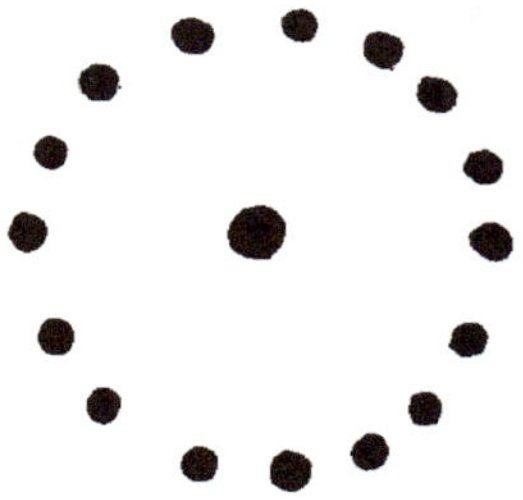

图5-1 单圈舞

三、教学活动设计

活动名称	集体舞活动“小蜜蜂”	活动层次	小班
活动目标	1. 引导幼儿跟随音乐用合拍的小碎步行进,并做蜜蜂飞舞的动作。 2. 幼儿初步学跳单圈舞,尝试在圆圈上逆时针换位置。 3. 幼儿体验集体舞带来的乐趣。		
活动重难点	重点:跟随音乐较合拍地小碎步行进,并做蜜蜂飞舞的动作。 难点:尝试在圆圈上逆时针换位置。		
活动方法	情境教学法、游戏法、角色扮演法等。		
活动准备	物质准备:与人数相同的椅子,围成圈(椅子上面插上花);幼儿右手戴上花皮筋;《小蜜蜂》的音乐。 幼儿经验准备:观察过小蜜蜂。		
课时安排	一课时。		

教学过程	时间分配
一、初步感受音乐,学习蜜蜂飞舞的动作 师:可爱的“小蜜蜂们”,春天到了,你们看,花园里的花儿都开了,真美啊!“妈妈”带你们去花园玩儿,好吗? 请宝贝们排好队,跟着“妈妈”飞到花园里去吧! 教师播放第一遍音乐。	1分钟
二、随音乐用小碎步较合拍地行进,并做蜜蜂飞舞的动作 1. 原地学做蜜蜂飞舞的动作(两遍)。 师:飞呀飞,找一找;找到了,站站好。我们一起来动动翅膀吧! 先打开戴皮筋的这只翅膀,再打开另外一只翅膀,然后两只翅膀一起打开。 师:跟着“妈妈”的口令一起来做动作。	8分钟 (原地5分钟,行进3分钟)

教师有节奏地念歌词（两遍）。 2. 小碎步行进，并做蜜蜂飞舞的动作（两遍） 师：我们飞到花园中玩吧！飞的时候前脚掌踮起来。 三、尝试围成圆圈逆时针换位置 师：小蜜蜂们，我们先在花园里找个地方坐下来休息一下。我们已经学会了飞的本领，现在要去采蜜了。先看看“妈妈”是怎么采蜜的。 教师示范采蜜动作。 师：刚才“妈妈”是怎么采蜜的？ “嗡嗡嗡，嗡嗡嗡，大家一起来做工。来匆匆，去匆匆，做工兴味浓。”在原地随音乐节奏飞舞。 “春暖花开不做工，将来哪里能过冬？快做工，快做工，别学懒惰虫。”（边做动作边飞往有花的那只手的方向，飞到旁边的一朵花旁站好，逆时针方向转，注意采蜜的时候”翅膀“往后伸直，摇摇小脑袋。） 师：跟“妈妈”一起来采蜜吧！找一朵花站好，将有皮筋的翅膀挨着花。跟着“妈妈”一起飞，飞到旁边的一朵花旁就站好，一起采采蜜。然后继续飞，采采蜜。 重复几遍音乐，带幼儿一起逆时针方向交换位置做采蜜动作。	10分钟
四、结束——飞到室外采蜜 师：今天小蜜蜂们真能干，学会了“飞”，还学会了“采蜜”。现在我们要飞到更大的花园里去采蜜。走吧！出发啰！	1分钟

四、活动评价

播放1首音乐，分组进行教学设计与测评。

班级		指导教师		组长	
组员					
活动曲目	《小星星洗澡》（儿歌）				
整体效果（4分）					
音乐节奏感（3分）					
律动感表现（3分）					
小组自评					
小组互评					

教师评价	
综合评价	
备注	评价按完成★（8～10分）、基本完成●（6～8分）、未完成▲（6分以下）的符号填入

活动2　中班集体舞活动“蚂蚁搬豆”

谱例：5-2

蚂蚁搬豆

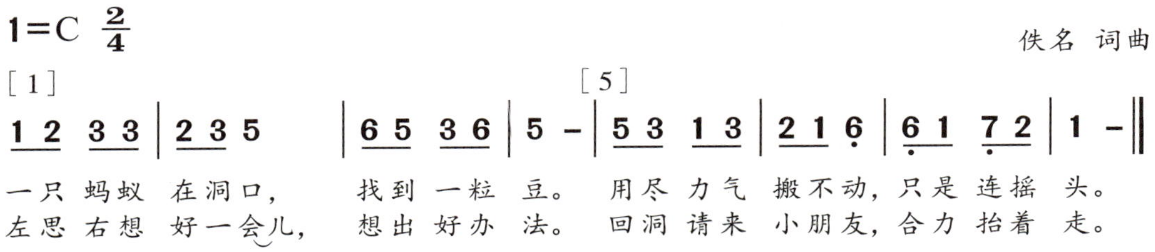

一、动作设计建议

第一段歌词

第1～2小节，双手做数字一的手势，在头的两侧模仿蚂蚁的触角，左右点头，一拍一动。

第3～4小节，左手背起来，右手指前方地上，并伴随小蹲。左右点头，一拍一动。

第5～6小节，双手放在右肩处，身体做搬抬的动作，一拍一动。

第7～8小节，双手叉腰，左右摇头，一拍一动。

第二段歌词

第1～2小节，双手食指在头上方两侧画圈做思考状，并看向两侧的小朋友。一拍看一侧。

第3～4小节，重复第9～10小节动作。

第5～6小节，分别摊出左右手和相邻的小朋友手牵手，一拍摊手，一拍牵手。

第7～8小节，牵手原地踏步，把手一起举起来。

二、队形设计建议

幼儿围成一个圆圈，教师站中间。

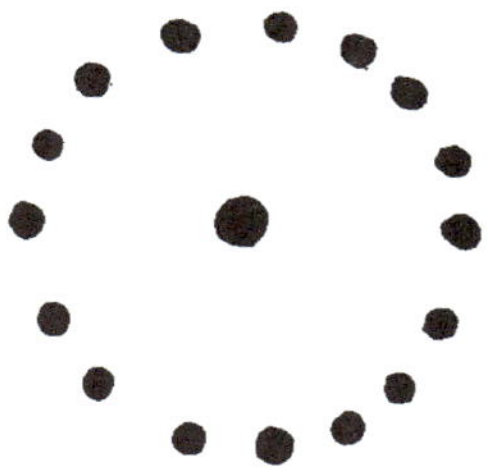

图 5-2　单圈舞

三、教学活动设计

活动名称	集体舞活动“蚂蚁搬豆”	活动层次	中班
活动目标	1. 引导幼儿感受音乐欢快活泼的情绪，学习合拍地用蚂蚁找食、碰触角、搬豆等动作表现音乐内容。 2. 引导幼儿学习与同伴合作舞蹈，体验单圈队形，用交换同伴的形式变换队形。 3. 引导幼儿积极与同伴交流，感受集体舞活动带来的快乐。		
活动重难点	重点：学习蚂蚁找食、碰触角、搬豆等动作，合拍地随乐表现音乐内容。 难点：学习与同伴合作舞蹈，尝试用交换同伴的形式变换队形。		
活动方法	情境教学法、游戏法、示范演示法等。		
活动准备	物质准备：蚂蚁头饰一个、《蚂蚁搬豆》的音乐、自制图谱一套、自制豆若干（可用软垫表示）。 幼儿经验准备：观察过蚂蚁，对蚂蚁的生活习性有一定的了解。		
课时安排	一课时。		

教学过程	时间分配
一、谜语引入，激发幼儿兴趣 师：小朋友们，你们猜猜这是什么动物？（教师说谜面） 个子不大， 能量不小， 身穿黑衣， 它最勤劳！ 幼儿猜谜底——蚂蚁。 师：对了，小朋友们真聪明！ 小蚂蚁长什么样子？	3分钟

引导幼儿观察蚂蚁的身体构造。 二、初步聆听歌曲,猜想歌曲内容与情节 初步感知歌曲。 师:小朋友们,老师给你们讲一个关于一只小蚂蚁和它的伙伴们的故事,这个故事就藏在歌曲里,我们一起来听一听。 教师随音乐有表情地做身势动作来引导幼儿感知歌曲。 引导幼儿回忆歌曲的内容。 师:这首歌曲讲了一个什么故事? 幼儿自由回忆歌曲内容并回答问题,教师出示蚂蚁各种动作的图片。	3分钟
三、学习舞蹈动作 引导幼儿学习第一段歌词的动作。 幼儿聆听音乐,编创蚂蚁找食的动作。 师:刚才我们听到歌曲里的小蚂蚁是怎样走着去找食物的呢? 谁来学一下? 请一个幼儿示范模仿蚂蚁走路并找食的动作。 做示范的幼儿编创蚂蚁走路和找食的动作,然后其他幼儿集体模仿。教师哼唱旋律,优化幼儿动作。 引导幼儿编创表现蚂蚁搬不动豆的动作。 编创第二段歌词中小蚂蚁传递消息请朋友帮忙的动作。 引导幼儿编创触碰角的动作。 师:小蚂蚁想把消息传给小伙伴们,可是,它又不会说话,你们觉得它会想什么办法把这个消息告诉别的小伙伴呢? 引导幼儿主动说出碰触角、碰身体的动作,教师哼唱旋律带领幼儿集体练习小蚂蚁传递消息的动作。 幼儿听音乐完整练习第二段歌词的动作。 幼儿自由寻找同伴,合作表演传递消息的动作。	8分钟
四、学习单圈舞 全体幼儿围成一个圆圈,教师站中间,引导幼儿完整表演歌曲的两段歌词。教师观察并指导幼儿完成动作。 引导幼儿站在圆圈上,两人一组,面对面,合作拉手跳舞。 引导幼儿学习与同伴合作、交换动作,幼儿感受合作协调集体舞蹈的快乐。	3分钟

四、活动评价

播放1首音乐，分组进行教学设计与测评。

班级		指导教师		组长	
组员					
活动曲目	《我是一个粉刷匠》（[波兰]佳基洛夫斯卡　词　[波兰]列申斯卡　曲　曾永声　译配）				
整体效果（4分）					
音乐节奏感（3分）					
律动感表现（3分）					
小组自评					
小组互评					
教师评价					
综合评价					
备注	评价按完成★（8～10分）、基本完成●（6～8分）、未完成▲（6分以下）的符号填入				

活动3　大班集体舞活动“青春舞曲”

谱例：5-3

青 春 舞 曲

1=♭A　4/4
中速

维吾尔族民歌
王洛宾　收集改编

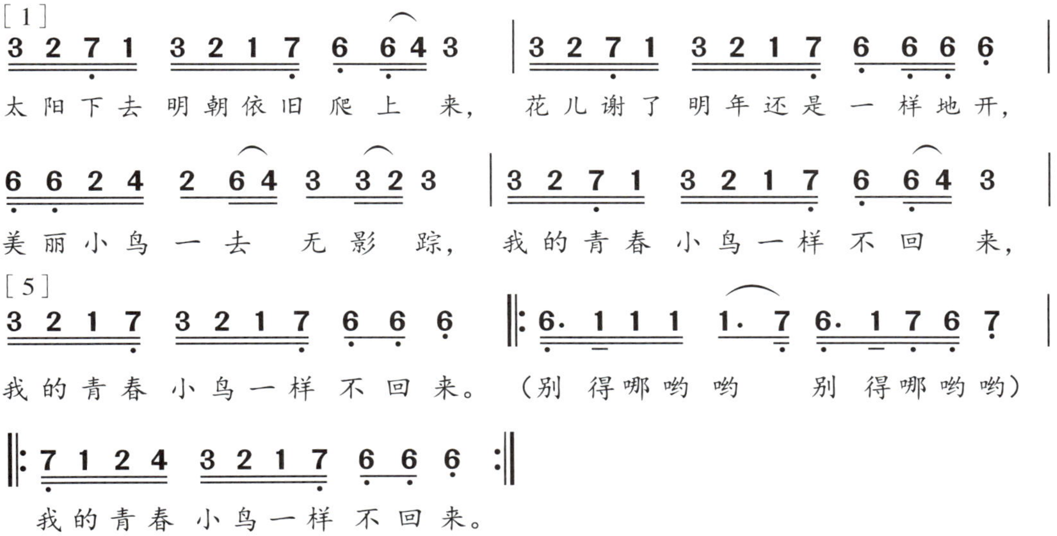

一、动作设计建议

第1小节，右手掌心向上折腕两次，同时屈膝两次，眼视手的方向。然后左手掌心向上折腕两次，同时屈膝两次，眼视手的方向。

第2小节，并脚微蹲，同时双手在两侧做双摊手。右脚点地，右手划至胸前翻腕，左手划至体侧与肩同高翻腕。手上动作保持不动，右脚点地两次。一拍一个动作。

第3小节，并脚微蹲，同时双手在两侧做双摊手。左脚点地，左手划至胸前翻腕，右手划至体侧与肩同高翻腕。手上动作保持不动，左脚点地两次。一拍一个动作。

第4小节，拍手微蹲，直立做左托帽手。然后拍手微蹲，直立做右托帽手。一拍一个动作。

第5小节，右脚上步半蹲，同时向前斜下位双摊手，绕腕至双手交叉在胸前，同时颈横移。一拍一个动作。

第6小节，里圈和外圈的幼儿做垫步托帽手交换位置。

第7小节，并脚拍手，然后左手在胸前，右手在头顶做托掌位，同时横移颈。一拍一个动作。

二、队形设计建议

幼儿围成内外双圆圈，分成两个组。

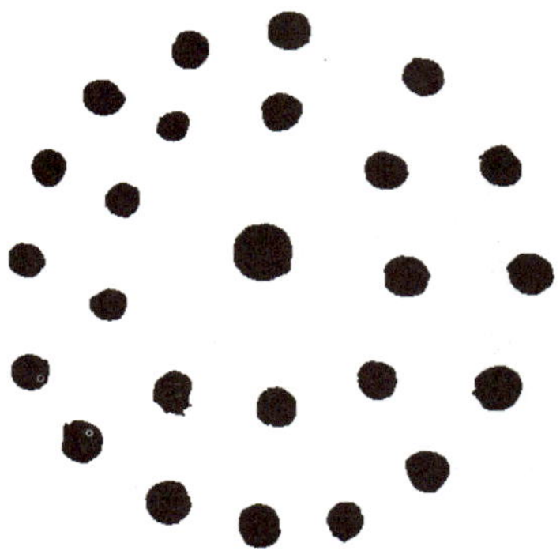

图5-3 双圆舞

三、教学活动设计

活动名称	集体舞活动“青春舞曲”	活动层次	大班
活动目标	1. 引导幼儿初步熟悉舞蹈音乐，能随音乐做点步、垫步、手托帽等动作。 2. 引导幼儿熟悉动作的交替规律，练习跳双圈舞。 3. 引导幼儿尝试在集体舞中交换舞伴，用动作、体态、目光等方式与同伴合作交流。		
活动重难点	重点：学习基本的新疆舞动作。 难点：按要求交换舞伴。		
活动方法	讲授法、演示法等。		
活动准备	物质准备：宫廷双圈舞视频片段、《青春舞曲》的音乐、足够数量的手环(红色、绿色各占一半)、做了双圈标记的场地。 幼儿经验准备：有在生活中有见过新疆舞和听过新疆风格音乐的经验。		
课时安排	一课时。		

教学过程	时间分配
一、引入——观看舞蹈视频，激发幼儿兴趣 师：小朋友们，今天老师给你们带来了一段好看的舞蹈，我们一起来欣赏一下，看完之后说一说你们的感受。 教师播放舞蹈视频，幼儿欣赏，初步感受音乐的情绪、舞蹈的动作与队形特点。观看后幼儿自由说出自己的感受。	2分钟
二、幼儿学习舞蹈的基本动作 教师使用标记、手环等帮助幼儿确定自己在集体舞队形中的位置。 幼儿佩戴手环，分颜色站双圈，面向圆心站立。 教师示范舞蹈中的基本步法和手部动作。幼儿模仿。 师：谁学会了，来试试看！ 请几名幼儿大胆进行展示，教师纠正和优化其动作，其余幼儿一同练习，集体跟随教师口令练习动作。 加入音乐，幼儿面向圆心原地练习动作。 内圈幼儿与外圈幼儿两两相对，在教师语言和动作的提示下，边听音乐边做舞蹈动作。	8分钟
三、引导幼儿内外圈面对面编创动作，并尝试交换舞伴 师：现在你们的对面是你们的舞蹈伙伴。回忆一下，刚才我们看过的视频，想一想，可以编创哪些动作和同伴一起进行舞蹈？	14分钟

幼儿两人结伴编创动作,教师巡回观察并指导。 引导幼儿探索交换舞伴的动作。 师:因为内圈和外圈的动作不一样,所以接下来我们需要交换位置和动作进行表演。 教师发出交换指令,幼儿与对面伙伴交换位置。 师:但是要怎样才能有序地换位置而不影响我们的舞蹈队形呢? 引导幼儿想办法使用手腕上的手环。 请幼儿用佩戴手环的手指向对面的同伴,然后顺手环方向交换位置。练习两至三遍。 提示幼儿在第6小节处交换位置。 四、幼儿与新舞伴合作舞蹈 师:还有哪些方法既可以使我们保持集体舞的队形,又能够和新的舞伴一起跳舞呢?你想到了吗?让我们一起来试一试。 教师对幼儿进行适宜的引导。如可以内圈幼儿不动,外圈幼儿朝顺时针方向挪动一个位置;也可以外圈幼儿不动,内圈幼儿朝逆时针方向挪动一个位置;还可以内外圈幼儿同时往相反的方向挪动一个位置等。	8分钟

四、活动评价

播放1首音乐,分组进行教学设计与测评。

班级		指导教师		组长	
组员					
活动曲目	《西班牙斗牛士》([西班牙]玛奎纳 曲)				
整体效果(4分)					
音乐节奏感(3分)					
律动感表现(3分)					
小组自评					
小组互评					
教师评价					
综合评价					
备注	评价按完成★(8~10分)、基本完成●(6~8分)、未完成▲(6分以下)的符号填入				

项目回顾

通过三个体验活动，了解幼儿园集体舞活动的基本特点，掌握和思考集体舞活动中所包括的基本知识点与技能，能够在以后的教学中进行合理的运用。

项目拓展

选择风格多样的舞蹈音乐，设计与组织小班、中班和大班的集体舞活动。

思考与练习

1. 分析动作和队形的编排，思考如何选择合适的音乐、舞蹈动作与队形。

2. 抓住集体舞活动的基本特点，然后对律动活动做适当的创新改编。

参考文献

1. 陈幸军．幼儿教育学：幼儿师范学校课本[M]．北京：人民教育出版社，2008.

2. 许卓娅．韵律活动[M]．南京：南京师范大学出版社，2014.

3. 许卓娅．幼儿园音乐教育与活动设计[M]．北京：高等教育出版社，2009.

4. 许卓娅．学前儿童音乐教育[M]．北京：人民教育出版社，2010.

5. 杨立梅，蔡觉民．达尔克罗兹音乐教育理论与实践（新版）[M]．上海：上海教育出版社，2011.

6. 李季湄，冯晓霞．《3—6岁儿童学习与发展指南》解读[M]．北京：人民教育出版社，2013.

7. 高杰英．学前儿童音乐教育与活动指导[M]．沈阳：东北大学出版社，2015.

8. 杜亚雄．音乐的认读唱写：走进柯达伊教学法（教师版）[M]．重庆：西南师范大学出版社，2017.

9. 许卓娅．打击乐器演奏活动[M]．第2版．南京：南京师范大学出版社，2016.